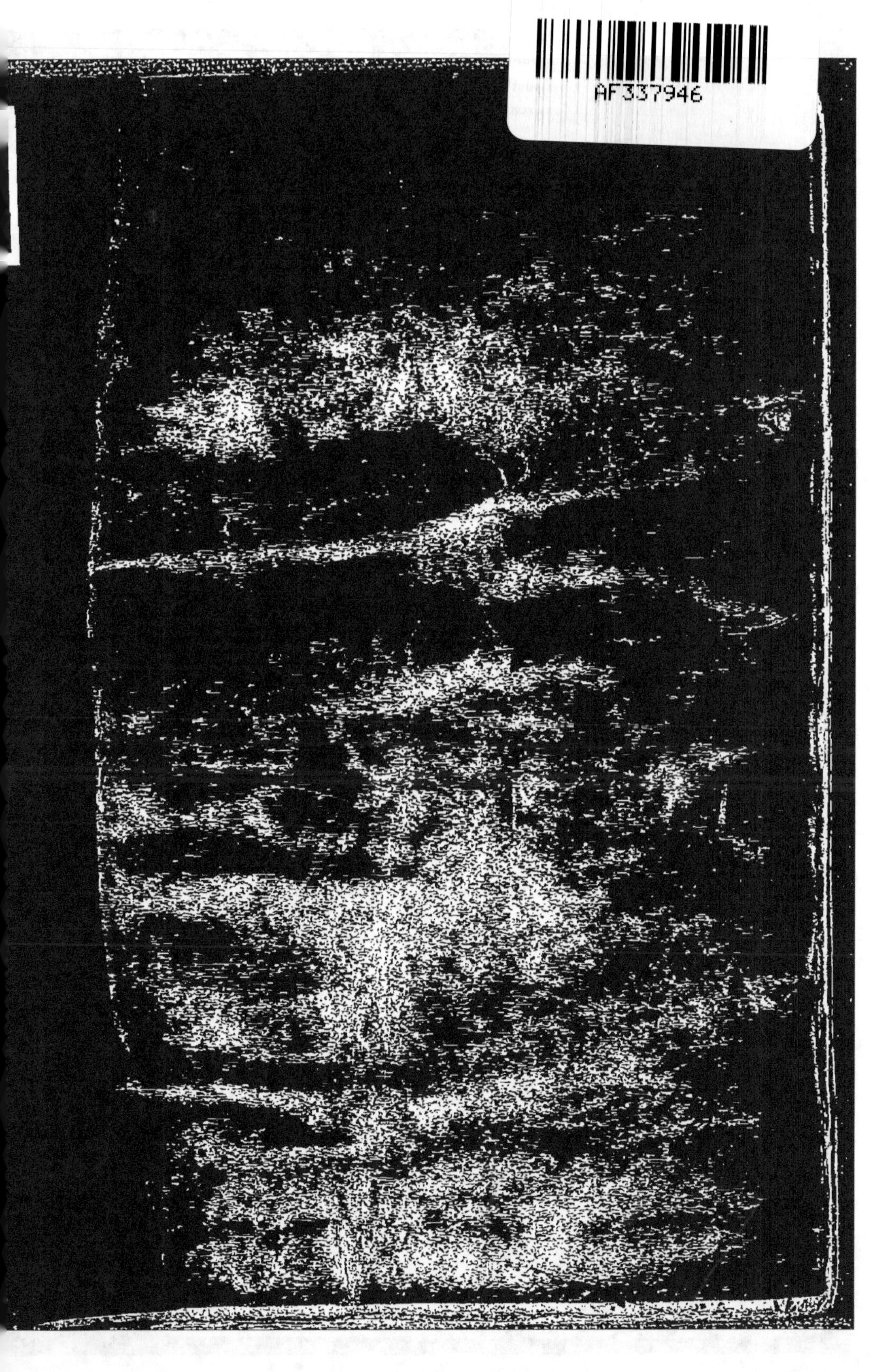

DE LA MAIESTÉ

ROYALLE, INSTI-
TVTION ET PREEMINENCE,

& des faueurs Diuines par-
ticulieres enuers
icelle.

ENSEMBLE

De la Sacree Maiesté Cesaree, & des moyens
de créer les Empereurs Romains, despuis le
premier iusques à noz temps, & imposition
des trois coronnes, institution des sept Ele-
cteurs, droit office & ordre d'iceux.

Par Cl. d'Albon Iurisc. &
Poëte Dauphinoys.

A LYON,
PAR BENOIST RIGAVD.

M. D. LXXV.
AVEC PERMISSION.

A MONSEIGNEVR

REVERENDISS. MONSIEVR
d'Auanson, Archeu. d'Hem-
brun, & Consellier au
Conseil priué du
Roy, Cl. d'Al-
bon, S.

Ntre les preceptes & ditz
elegans du diuin Philosophe
Platon (renommé par des-
sus tous autres, qui par leurs
escrits nous ont laißé tesmoignage de leur
sapience) i'ay tousiours loué, prisé & estimé le plus memorable, celuy par lequel il
nous enseigne que nous ne sommes establis
en ce mõde pour nostre prouffit particulier
seullement, mais außi & principalement
pour le bien public & vtilité de nostre

A 2

patrie. Laquelle pour le present ie ne voy
point pouuoir rapporter grand fruict de
tous nos labeurs & actions, sinon par
deux moyens assés laborieux & difficiles:
Ou (pour la pacifier) employant magna-
nimement nostre personne aux hazards
de la guerre, ou applicant noz sens &
esprits à r'amener par bons aduertissemēs
ses nourrissons à la paix & vie tranquil-
le, soubz l'ordonnance des sainctes Loix
establies par leur Roy & souuerain Seigneur. Desquelz moyens, laissant le premier à ceux qui espris de l'amour de
Mars & Bellonne, se sont totalement
voués à la profession des armes, me suis
tourné vers l'autre & second moyen plus
propre & conuenable à la profession que
de long temps i'ay choisie, tachant par ce
petit traicté faire entendre à chacun la
grandeur & diuine puissance des Roys,
preeminence d'iceux, & le deuoir ou obeissance qui par le commandement Diuin
leur

leur sont deuz. Lequel doutant se desploer & mettre aux champs parmi tant de tumultes belliques sans grand protection & appuy, m'a faict oser vous le consacrer & dedier, & en toute humilité supplier vostre Reuerendiß. hauteße & grandeur de vostre maison (seminaire à la Gaule, de Conseilliers, Presidens, Ambassadeurs, Euesques & Archeuesques) le voloir receuoir benignement, & prendre en sa protection & garde, encor qu'il soit de telle faueur indigne : & vser à son endroit de telle benignité que iadis faisoyēt les dieux Pan & Faunus aux pasteurs d'Arcadie prenans à gré les sacrifices du laict perfumés de geneure de ceux qui (à raison de leur petiteße) n'auoyent moyen d'offrir encens & maluoysie. Esperànt en bref vous presenter des copies de quelques autres miennes œuures de plus gros volume & plus long labeur : Assauoir les neuf premiers liures de ma Lotaringeide en

A 3

vers Latins Heroiques. Et en langue
Françoyse la genealogie des tres-illustriß.
Princes de Lorreine, ayant commandement de monseigneur Reuerend. monsieur
le Cardinal, & de monseigneur le Duc
de Guyse les faire imprimer. Priant
le Seigneur longuement vouloir
preseruer aux Dauphinoys
vostre Reuerendiß.
grandeur & de-
bonnaireté.

***

ARTICLES
contenus au present traicté.

Ve le roy est l'image de Dieu representant son vnité. 1

Conformité de Dieu, & du roy en clemence & bonté. 2

Que les royaumes sont donnés de Dieu, à qui luy est aggreable. 3

Que les roys tant bons que mauuais, sont donnez de Dieu, & sont executeurs de son vouloir. 4

Que mesmes les roys Payens sont donnés de Dieu, & sont instrumés de l'execution de son ire. 5

Qu'il faut entierement obeir aux roys. 6

Qu'il ne faut mesdire des roys, ny

DE

DE LA MAIESTE
ROYALLE TOVSIOVRS
AVGVSTE.

L eſt clair & reſolu entre les Sa-
ges & Philoſophes, que pluſieurs
choſes ont eſté en ce monde ex-
preſſemẽt ordonnees, permiſes,
ou eſtablies par la ſouueraine puiſ
ſance diuine, pour (par l'inſtitutió
& cognoiſſance d'icelles) bailler à l'homme com-
modité, & quaſi eſchelle à comprendre les choſes
hautes, & à luy cachees touchant les ſecrets de ſon
eſſence, & haute diuinité. Autrement n'euſt eſté
poſſible que par nos ſens hebetés, incertains & va-
cillans, le myſtere des choſes diuines (longuement
d'iceux eſlognees) nous euſt peu eſtre notoire &
cognu. Or eſt il qu'eſtát ainſi, que le plus hault des
myſteres diuins eſt la cognoiſſance de Dieu, en laquelle les anciens voyre les plus doctes ont tant &
ſi grandement erré, nul ne doybt doubter, que par
ycelle bonté diuine n'aye eſté faict que quelque
choſe fuſt en terre laquelle nous repreſentaſt la for
me de la diuine vnité. Entre leſquelles choſes (encor qu'il en ſoyt pluſieurs) ie n'eſtime point qu'elle
nous ſoyt mieux par autre repreſentee, que par la

I
Que le
Roy eſt
l'image
de Dieu
repreſen
tant ſon
vnité.

ſouueraine principauté d'vn, qui par deſſus tous autres euſt pouuoyr, domination, puiſſance & autori-
té. Lequel vrayement, & à bon droyt pouuons dire
& appeller l'effigie, ou ſemblance de Dieu:non faicte & paincte par le deslié pinceau d'Apelle, ou en-
talhée par le ſubtil marteau de Liſippe, ou grauée
par le trenchant cizeau de Polyclete, ou gectee en
moule par l'induſtrieux Myro, Perſonnages iadis
tres excellétz à peindre, tailler en pierre, grauer en
bois, & ietter en Bronze les images, & ſtatues des
anciens Heroes, Monarques & Roys, mais faicte
par le ſouuerain Dieu meſmes : le conformant en
tout,& reduiſant totallement ſemblable à ſa haute
vnité diuine:faiſant obeir, & aſſubiettir la terre(ou
grande partie d'icelle) Cités, Chaſteaux, Portz,&
Mers, & tout le reſidu des hommes à la Souüerai-
neté d'vn Prince. Et de faict comme Dieu par ſes
neuf ordres celeſtes, & diuins, execute ſes voloyrs,
& mandementz, les effectue par l'influence des Aſtres es parties baſſes & terreſtres, par la vertu des
douze ſignes du Zodiaque: Ainſi le Roy par ſes
Ducs, Contes, Marquis & Barons, meine à fin guer-
res, batailles, renge à ſa volonté pluſieurs pays (encor que de luy grandement eslongnés) faict obſer-
uer ſes iuſtes Loix, leſquelles il eſtablit & ordonne
pour le regime public des choſes terriennes, comme l'vnique Dieu les donne celeſtes. Et à l'exemple
de Dieu punit en ce ſiecle ceux leſquels la conſcien
ce, ou crainte de la tarde punition diuine ne peut re
tirer de vice, pechés & meffaicts. Tellement qu'il-
Chap.4. faut confeſſer auec le Prophete Eſdras, que cela
vient par ſecrette diſpenſation diuine (non de
moyen

moyen humain) que le Roy seul faict les peuples
aller en guerre, s'hazarder à la mort, s'entretuer
en combats: Et ceux qui ne guerroyent se contrain-
dre mutuellement l'vn l'autre à luy porter talhes &
tributs, laisser leurs propres affaires pour accóplir
la volunté du Roy, & estre de si grand nombre
d'hommes crainct & redoubté. Et tout ainsi que
l'homme est crainct de tous animaux tant qu'on
void les Elephans & Tigres, grádes & trescruelles
bestes estre regies par l'homme debile, en vertu du
charactere imprimé diuinement en luy, leur appor-
tant frayeur & craincte, & cognoissance qu'il leur
est superieur & maistre: (comme est veu en Sam-
son, Dauid, & Daniel, qui ont eu pouuoir sur les
Lions, Helisee sur les Ourses, sainct Pol sur les Vi-
peres) ainsi les Roys du semblable charactere diuinement en leur front imprimé, preualant sur la nature des autres hommes, espouuentent (encor que
absens) les peuples & regions à eux subiectes. Et ce
charactere puissant diuinement sur eux imprimé,
est des Hebrieux appellé Pahad, c'est à dire la gau-
che ou glaiue de Dieu. Dond ne faut estre estonné
si Alexandre le grand Roy de Macedone iugeant
(selon l'vsage de son temps) le Soleil estre le seul
& grand Dieu, a dict & estimé que comme le Ciel
n'a qu'vn Soleil, qu'il ne falloit que la terre eut
qu'vn Prince souuerain pour la regir & gouuerner.
Et pour certain comme le clair Soleil par sa splendeur, chaleur, & bienfaictz enuers nous, & toutes
choses terriennes surpasse de beaucoup le naturel
de tous autres Astres du Ciel, le Prince par sa vertu, generosité, magnanimité, douceur & liberalité

enuers

enuers son peuple, surpasse tous les autres hommes
de tant, qu'à bon droict, & iuste raison plusieurs des
anciens Philosophes l'ont estimé plus qu'homme,
voyre estre Dieu. Et ceux qui de moins se sont fal-
lis les ont (à raison de leurs perfections) dict, &
pronuncé demidieux.

2
Confor-
mité de
Dieu &
du Roy.

Mais sur tout est admirable la semblāce & con-
formité du souuerain Prince auec Dieu, en la bonté, douceur, & benignité qui se void iournellement
en l'vn & en l'autre enuers le genre humain. Dieu
par les François est dict Dieu, par mot prouenant
du verbe Donner, comme donnant ordinairement
& assiduement aux hommes toutes choses à l'en-
tretien d'iceluy necessaires:& par les Latins Iupiter
qui signifie pere aydant, comme disant que nos
œuures ne viennēt de nous, mais de la secrette ayde
qui nous vient de l'assistāce de Dieu. Tel est aussi le
naturel du Roy, doux, bening, biēfaisant à chascun,
liberal de ses biens, lesquels il assemble non pour
ses particuliers vsages (auxquels beaucoup moindre
quātité suffiroit) mais pour les donner, & despartir
à ceux qu'il void vertueux & par le labeur de leur
esprit, ou hazard de leur personne profiter à toute la patrie. Et à mon iugement ceste seule consi-
deration iadis incita Tite empereur des Romains
à dire tout hautement, qu'il estoit indigne d'vn
souuerain Prince que deuers luy non plus que deuers Dieu, aucun s'en retournast mal content. Laquelle sentēce par sa grauité, & energie fut de tous
tant admirée, que les Anciens nous en ont volu
aduertir, & par leurs escris nous la rendre notoire.
Et certainement si Tite Empereur a eu en la bouche

la

la bonté proposée, il ne l'a moins eu en toutes ſes
actions & faictz, bienfaiſant à ſes ſubietz, retirant
peu d'yceux, & leur donnant largement du ſien
propre. De maniere qu'il obtint enuers les Romains nom, & titre de delices du monde. Seneque
iadis grand Philoſophe, & precepteur du cruel Ne-
ron, luy bailla vn precepte bien fort conforme au
dict de Tite Emp. Que le propre du Prince eſt d'e-
ſtre cogneu d'vn chacun par ſes bienfaictz, non
par ſon iniure. De meſme opinion a eſté Alcame-
nes de Sparte diſant, que le vray Prince taſche pluſtoſt deſtre bienfacteur aux autres qu'à ſoymeſmes.
Le Roy Anaxilaus interrogé quelle choſe eſtoit la
plus excellente, & propre au Prince reſpondit, N'e-
ſtre point d'autruy vaincu par biéfaictz. De meſme
iugement (encor que par diuerſes parolles) a eſté
le philoſophe Bion (renommé vn des ſept Sages de
la Grece) qui a laiſsé par eſcript que le ſouuerain
Magiſtrat ſe doybt pluſtoſt rendre bienfacteur que
riche. Euſebe auteur de grande renommée a veu ce
poinct, & l'a volu orner de ſon aduis : Diſant que le
ſouuerain pouuoir ne doit eſtre reueré, ou obey par
ſa ſeulle puiſſance à tous redoubtable, mais par ſa
bonté debonaire enuers les ſiens. Platon Philoſophe Diuin ne s'en eſt peu taire, ains à amplemét
eſcript que le vray Prince ſe porte enuers ſes ſubietz, cóme le pere enuers ſes enfans, & Dieu enuers
les hommes. Et Vegece a bien oſé teſmoigner,
qu'il n'eſt point loyſible que aucun aye plus des
dons Diuins, & vertus que le Prince, qui par ycel-
les profite ordinairement & generallement à tant
de païs & regions. Le Poëte Pindare en ſes Odes
l'a chanté

l'a chanté, difant que le Prince eft le refuge de tous les autres hommes, auquel ilz recourent pour auoir foulagement en toutes leurs oppreffions & necef-sités. Et de faict nous voions encor de noftre temps par l'ancienne inftitution & coutume auec le laps du temps coulée iufques à nos fiecles, la porte des palais Royaux touiours ouuerte, iamais fermée nõ le iour, non la nuict : ains touiours prefte à recep-uoir tous ceux qui ont à requerir quelque chofe au Prince, & pretédent recepuoir bienfaits de luy. De ce aduis touche Tulle Ciceron (efcriuant le liure de l'office, ou du debuoir d'vn chafcun) difant que le propre du fouuerain magiftrat eft d'auoir par deffus toute autre vertu, liberalité, & munificence. Philo-ftrate auffi efcript que le Roy doibt pluftoft côtenir fes fubiets en leur debuoir par menace de punition, que par la punition mefme, par clemence & par-don, que par rigueur & feuerité. Strabon encor que fon principal but foit feulement d'efcrire la Cof-mographie, non preceptes, toutesfois n'a fceu paf-fer foubs filence ce que il a iugé fur ce poinct, ains a dit que le Prince bienfacteur eft totallemét fembla ble à Dieu, duquel la bonté eft notoire. Et le Prince des Philofophes Ariftote, & precepteur d'Alexádre le grand, a enfeigné que le Prince merite iuftement ce tiltre qui abonde en vertu, douceur & bonté. Le fage Salomon à ce auis fe conforme : difant en fes Prouerbes, que clemence & douceur garde & con-ferue les Roys. Mais fur tous Epictete (eftimé iadis le plus fubtil de tous les Philofophes) a par vne feu-le fimilitude mieux monftré que nul autre la con-formité des Roys à Dieu, par leur bonté & bien-

faicts;

faicts ; Quand il a dict que, comme le Soleil grand
moteur & animateur du monde n'attend pas la
matinée à soy faire prier & requerir qu'il se lieue
en Orient pour profiter à la terre & aux hommes:
ainfi le Prince n'attend pas les prieres des fiens de
pouruoir à leur vtilité, leur vfer de liberalité, munificence, & les charger de bienfaicts. Et certainemét
ne faut doubter que ne foit le plus propre & conuenable debuoir du Prince, feul moderateur de
l'vniuers (ou partie d'icelluy) qui peult tout, que
tout foy refente de la largeffe de fa main : en cela
imitant le Soleil, qui les vapeurs legeres de la terre
tirées en hault & esleuées à foy, rend à icelle beaucoup plus copieufement & abondamment qu'il ne
les auoit d'elle receu. Et par ces moiens le grand
Ptolomée roy des Alexandrins furnommé Euerge-
tes, merita ce nom, en noftre langue fignifiant re-
ftaurateur ou bienfacteur.

Puis donc qu'il eft ainfi que le Roy & fouuerain
Prince eft le vray type, pourtraict, & image & fem-
blance de Dieu, tant pour fa monarchie reprefen-
tant au vif l'vnité de l'effence de Dieu, que pour fes
bontés, & debonairetés coutumieres de profiter à
tous, & ne nuire à aucun: ne faut doubter que iceux
monarques & Roys, ne foiét dónés de Dieu, & leur
domination fur les peuples par le feigneur efta-
blie, non fortuitement, & cafuellement venante
par droict hereditaire, de fucceffion ou electif. Et
cefte opinion (affes de foy croiable) eft confirmée
par Eufebe, difant qu'il n'eft permis à aucun d'a-
uoir la principauté fans l'ordonnance de Dieu.
Et par le plus fainct propos qu'onc aye tenu Iule
Cæfar,

3
Que les
Royau-
mes font
donnés
de Dieu
à qui luy
eft agre-
able.

Cefar, lequel eftant paruenu au fommet de l'Empire, ofa publiquement aux Romains affeurer, la
Principauté eftre donnee par fatale difpofition:
de laquelle ayant receu dés le commencement du
monde la promeffe & deftination, eftoit impoffi-
ble aux Romains d'y obuier. Qui me faict croyre
que Homere prince des Poëtes, tant Grecs que Latins n'a entendu autre chofe, difant, que les Princes font creez de Iupiter : voulant foubs ce nom
fabuleux (à la maniere des Poëtes) tacitement entendre Dieu eftre feul auteur & donateur des principautés données à fes esleus. Mais s'il y a quelcun
qui en chofe tant veritable vueille à fon efcient he-
fiter, & ne foy contenter des tefmoignages des lettres prophanes, il pourra eftre de ce fatisfaict, &
content par la lecture des fainctes efcriptures rem-
plies de tels Oracles, & diuins aduertiffements.
Life donc l'oracle du fage Salomon en fes prouer-
Prou.8 bes difant : Par moy les Roys regnent, & les Princes decernét Iuftice. Par moy les Princes dominent
Ecclefia- & iugent la terre. Life auffi en l'Eclefiaftique : Les
ftic.10 Principautés de la terre font en la main du feigneur, lequel y esleue celuy qu'il void y eftre vtile.
Encores plus clairement eft telle inftallation de
Prince fpecifiée en autre lieu de l'Eccléfiaftique. Le
Ecclefia- Seigneur (dit il) tire ius de leurs throfnes les princes
ftic.10 fuperbes, mettant les debonaires en leurs places.
Pfal.1 Le Prophete Dauid introduifant le Seigneur ad-
moneftant les Roys à fa crain&te dict : I'ay ordonné mon Roy fur Sion ma fancte montaigne. Tu es
mon fils, ie t'ay auiourd'huy engendré. Demande
moy & ie te donneray pour ton heritage les gents,

&

& pour ta poſſeſſion les biens de la terre. Auquel
lieu outre ſon teſmoignage ample qu'il donne les
Royaumes aux Roys, encor les appelle il ſes fils
bien aimés. Et en autre Pſeaume rendant graces à *Pſal.* 18
Dieu de ſes victoires obtenues ſur ſes ennimis, Tu
m'as conſtitué chef des nations, ſique les peuples
que ie ne cognoiſſoy point m'ont ſerui, & peuples
eſtranges ſe ſont ſoubmis à moy. Et en autre lieu, *Pſal.* 21
Seigneur le Roy s'eſiouira en ta vertu. Il a receu io-
ye indicible de ton ſecours. Car tu l'as preuenu de
benediction de biens, & as mis ſur ſon chef vne coronne de fin or. Et le meſmes prophete Royal: Ses *Pſal.* 45
enfans ſeront au lieu des peres: tu les conſtitueras
Princes par toute la terre. Et en autre lieu Dauid *Pſal.* 60.
s'eſiouiſſant de la promeſſe que Dieu luy auoit fait *& 108.*
du Royaume d'Iſrael, par le recit des parties d'i-
celuy le confeſſe venir de Dieu, diſant, Dieu a parlé en ſa ſainateté c'eſt que ie partiray Sichem, &
meſureray la ville de Succoth. Galaad ſera mien,
auſſi Manaſſe, & Ephraim ſera la force de mó chef,
& Iuda eſt mon ſiege Royal. Moab ſera le pot dé
mon lauement. Ie ietteray ma pantoufle ſur Edon,
ô Paleſtine ie triompheray de toy. Et en autre lieu *Pſal.* 61
voulant monſtrer que ſa priere auoit eſté exaucée
dict, Tu as ô Dieu exaucé mes deſirs, & m'as donné
l'heritage & Royaume de ceux qui craignent ton
nom. Et en autre lieu ſur ce meſmes propos, Or il a *Pſal.* 78
reietté le tabernacle de Ioſeph, & n'a point esleu
la ligne d'Ephraim, mais a choyſi Dauid ſon ſeruiteur, & l'a pris des parcs de ouailhes, & l'a amené
pour paiſtre ſon peuple de Iacob & Iſrael. Et chan-
tant les graces que Dieu auoit faict à ſon peuple de *Pſal.* 13

puis qu'il l'auoit tiré d'Egipte dit, Rendes graces à Dieu, lequel a frappé les grands Roys & trespuiſ-ſants, Sehom roy dès Amorrheens, & Og le Roy de Baſan, & a donné leurs terres en heritage à Iſrael *Dan.4* ſon ſeruiteur. Le Prophete Daniel annonça à Na-buchodonoſor que ſon habitation ſeroit auec les beſtes brutes iuſques à ce que il cogneut que le Sei-gneur domine ſur le Royaume des hommes, & le *1.Eſdr.2* donne à qui luy plaiſt. Et le Roy Cyrus parlant de ſoy en Eſdras, Le Seigneur d'Iſrael, le Seigneur ſou-*Sapi.6* uerain m'a conſtitué Roy ſur tout le môde. Le ſage Salomon en ſa ſapience dit à ce propos, Preſtez les oreilles vous qui gouuernés les peuples, & qui vous glorifiés de la multitude des nations, car la puiſſan-ce vous eſt donnée par le Seigneur, & principauté *Eclesia-ſtic.47.* par le ſouuerain. Et l'Eccleſiaſtique parlant de Da-uid & Salomon, Le Seigneur, dit il, a esleuée ſa cor-ne à iamais, luy ayant confirmé l'alliance du Ro-yaume, & du troſne glorieux en Iſrael. Apres luy a eſté mis ſur vn ſien fils qui par luy a eſté mis en ce-*Eclesia-ſtic.49* ſte grande poſſeſſion. Et en autre lieu de l'Eclesia-ſtique, Les Roys de Iudâ ont defailli, car ilz ont delaiſſé la loy du ſouuerain: pour ceſte cauſe il a donné leur puiſſance à d'autres, & leur gloire à na-*1.Reg.10.* tion eſtrange. Et aux Roys la Royne de Saba par-lant de Salomon, Beniſt ſoit le Seigneur ton Dieu auquel tu as eſté agreable pour eſtre mis ſur le throſne d'Iſrael, & t'a conſtitué Roy pour rendre iugement & Iuſtice. Que me ſemble auoir meu & *Dan.2* incité le Prophete Daniel à dire que c'eſt Dieu qui change les temps & ſaiſons, qui oſte les Rois & les *Dan.2* reſtablit à ſa volunté. Et de faict le meſme Pro-

phete

phete parlant à Nabuchodonofor Roy de Babilone, Toy Roy (dit il) tu es le Roy des Rois. Le Dieu
du Ciel t'a donné le Roiaume, la puiſſance & gloire. S. Pol aux Romains en diuerſes parolles eſcrit *Rom. 13*
choſes de meſmes ſans, leſquelles à ce peuuent ſer-
uir d'interpretation & commentaire treſclair, diſant, Toute perſonne ſoit ſubieſte aux puiſſances
ſuperieures, car il n'y a point de puiſſance ſinon de
Dieu. Et les puiſſances qui ſont, ſont ordonnées de
Dieu. D'ou eſt que le PropheteDaniel interpretant *Dan. 4*
la viſion de Nabuchodonoſor, voiant le ſainct deſ-
cendant du Ciel luy dict, C'eſt à fin que les viuants
cognoiſſent que le ſouuerain domine ſur le Roiaume des hommes, & qu'il le dône à celluy qu'il veut,
& y peut conſtituer le plus abiect des hommes. Et
parainſi fut par la diſpoſitiõ diuine Nabuchodonó-
ſor deſtitué de ſon Roiaume par ſept années, viuant
parmy les champs comme beſte brute, & en fin des
ſept années remis en ſon throſne & ſiege Roial. *Exo. 3*
Ainſi par l'ordonnãce de la puiſſance diuine, Moïſe
paſteur des brebis de Iethro ſon beaupere fut en la
mõtagne Horeb eſleu chef & Prince des Iſraëlites,
pour les tirer hors d'Egipte, & les mener à main *Exo. 3*
forte en la terre de promiſſion. Ainſi aux Iſraelites
furent donnés de Dieu les Royaumes des Cana-
néens, Hethiés, Amorthéens, Phereſiens, Heuiens,
& Iebuſiens. Ainſi à la priere de Moïſe requerant à *Num. 27*
Dieu qu'il luy pleuſt eſlire vn Prince aux Iſraëlites, *& 31.*
à fin que luy mort le peuple ne fut comme brebis
ſans paſteur, Dieu reſpondit, Prends Ioſué filz de *Num. 14*
Nun. Et depuis le peuple d'Iſrael obeit à Ioſué. Et *Samu. 11*
Saul filz de Cis cerchant les aſneſſes de ſon pere,

eſtant par conduicte diuine arriué vers le Prophete Samuel, fut par le Prophete obeiſſant au mandement de Dieu, en Galgar oingt Roy ſur Iſrael. Puis apres quelque temps, pour auoir deſobei au Seigneur iceluy Saul fut deposé de ſon Roiaume par le commandement de Dieu, diſant au Prophete Samuel, Pourquoy regrettes tu Saul, puiſque ie l'ay reprouué, qu'il ne regne plus ſur Iſrael? Remplis ta corne d'huille & t'en vien, à fin que ie t'enuoie à Iſai Bethléemite. Car ie me ſuis pourueu d'vn de ſes fils pour roy, Et Iſai aiant huict enfans fit paſſer les ſept premiers nez ſelon l'ordre de leur aage pardeuāt le Prophete. Qui à chaſcun d'eux dit, Le Seigneur n'a point esleu ceſtuicy: fais venir le plus ieuſne qui paiſt les brebis. Et quād il fut arriué le Seigneur dit à Samuel, Sus oings le, car c'eſt il. Et ceſte grace fut continuée encor ſur Salomõ fils de Dauid, auquel Dieu dit: Si tu chemines deuant moy comme ton pere Dauid d'vn cueur droict gardant mes conſtitutions & iugemens, ie confirmeray le throſne de ton Roiaume à iamais comme i'ay promis à Dauid ton pere luy diſant, Ie ne feray point defallir ſucceſſeur de toy eſtant aſſis ſur le throſne d'Iſrael. Mais quand Salomon eut enſuiui le plaiſir de ſes femmes eſtrangeres adorant auec elles leurs Dieux, le Seigneur irrité luy dict, Pourtant que tu n'as gardé mon alliance, ni mes conſtitutions, ie deſromprai le Roiaume de toy, & le balherai à ton ſeruiteur. Et pour celle cauſe Dieu luy ſuſcita pour aduerſaire Adad Iduméen qui regna en Syrie, Et Razin qui regna en Damas. Et a-

pres

pres son deces à Roboam son fils suscita Ieroboam
fils de Nabath, lequel occupa dix lignées d'Israel
tellement que à Roboam fils de Salomon ne demeura domination sinon sur deux lignées de Ben-
iamin & de Iuda. Donc des lors le Royaume de
Roboam fut appellé le regne de Iuda. Et celuy de
Ieroboam regne d'Israel. Mais pareillement quand
Ieroboam eut preuariqué à la loy, & eut suiui dieux
estranges, le Seigneur luy osta le Roiaume disant, 1.Reg.14
Pourtant que ie t'ay exalté du milieu du peuple, &
t'ay constitué Prince sur mon peuple d'Israel, & ay
retranché le Roiaume de la maison de Dauid, & te
l'ay donné, & n'as gardé mes commandements, le
Seigneur se constituera vn Roy sur Israel, qui ar-
rachera la maison de Ieroboam. De mesmes aduint
à Baasa aussi Roy d'Israel. Auquel le Seigneur (irrité de ses mesfaicts) dict, Pourtant que ie t'ay esleué 1.Reg.16
de la poudre, & t'ay constitué Prince sur mon peuple, & as cheminé en la voie de Ieroboam, Voici
ie osteray les successeurs de Baasa, & les mettray
en tel estat que la maison de Ieroboam fils de Nabath. Et de faict Zambri occupa le regne, & abolit
toute la maison de Baasa selon la parolle de Dieu.
La coronne de Hazael & de Iehu descendit du Ciel
par la bouche de Dieu, disant au Prophete Helie,
Va retourne en Damas, & estant là venu tu oindras 1.Reg.19
Hazael pour Roy sur Syrie, & Iehu fils de Namsi
pour Roy d'Israel. Quant est de Hazael les motz
du Prophete demonstrent apertement son institution auoir esté par la volunté diuine : qui respondit
à Hazael l'interrogeát pourquoy il pleuroit, Pource que ie scay le mal que tu feras aux enfans d'Is-

rael. Tu mettras en feu leurs forteresses, & mettras
à mort leurs iouuenceaux , & mettras par pieces
leurs femmes grosses. Auquel Hazael disant Qui
suis ie pour pouuoir faire ces choses , le Prophete
respondit, Le Seigneur m'a monstré que tu seras
Roy sur Syrie. Iehu aussi fils de Iosaphat fils de
Nansi fut oingt Roy d'Israel par le Prophete Heli-
sée faisant en ce le commendement du Seigneur,
& luy disant, Ie t'ay choisi sur tous tes freres &
oingt pour Roy sur Israel. Le Seigneur aussi par
la bouche d'Esaie , predisant la ruine de Iudée &
Esa.7 Hierusalem, promit à Razin le royaume de Syrie,
& à Phacée celluy d'Israel, par ces mots, Mais
le chef de Syrie sera Damas, & le chef de Damas
sera Razin , & de Ephraim le chef sera Samarie, &
de Samarie le chef sera le fils de Romelia, qui estoit
Phacée.

4
Que les
Roys tāt
bōs que
mauuais
sont don
nés de
Dieu &
sont in-
strumēs
pour exe
cuter sō
vouloyr.

Mais à fin qu'on ne pense que iusques ici aye
seulemēt esté parlé du bon Prince & craignāt Dieu,
& que l'escripture Saincte n'aie entendu d'autre,
ie veux notamment passer plus outre: osant dire &
affermer que le Prince quel qu'il soit , bon à son
peuple & vtile, ou mauuais & inutile, si est il establi
de Dieu, & est son ministre, & instrumēt pour exe-
cuter sa Diuine volonté , sur les puples de la terre,
lequel tient son cueur en sa main, & conduit toutes
ses actions: par ce moien punissant (comme par
son organe) le peché du peuple desobeissant au
Seigneur. Dond est que Dieu par la bouche du Pro-
Esa.19 phete Esaie predisant, que les Egiptiens seroyent
assubiectis soubs la Tirannie des Assiriens, dict
ainsi: Ie bailleray Egipte en la main des Princes
cruels,

cruels, & vn Roy fier dominera fur eux. Qui eft conforme au dire de Salomon en fes prouerbes, *Prouerb. 21.* difant que le cueur du Roy eft en la main du Seigneur qui l'encline à toutes chofes qu'il veult. Les Hebrieux aiant efté long temps gouuernés par iuges & Prebftres, & Samuel deuenant vieux, pour meilleur eftabliffement de leur Politique, volurent auoir des Roys. Entre lefquels premier fut Saul bon au commencement, mais en fin tiran & trefcruel, leur rauiffant leurs biens, & liberté. Toutesfois encor qu'il fut tafché de fi grands vices, Si eftce que il fut par le Prophete Dauid nommé le oingt du Seigneur, difant à celluy qui l'auoit *2. Samue.* tué: Cóment as tu osé deffaire le oingt du Seigneur? Et par le moien de telle appellation mit tout Ifrael en efbahiffement & crainte. Ieroboam eftoit de Dieu esleu Roy fur Ifrael par la bouche du Prophete Ahias, qui luy dit (defchirant fa robe en douze pieces) Prens pour toy ces dix pieces. Car le Seigneur a dict, Voicy ie rompray le *1. Reg. 11.* Royaume d'entre la main de Salomon, & t'en bailleray dix lignées. Toutesfois il tomba en telle mefchanceté & abomination de vices, que le Seigneur voulant à quelque autre Roy improperer fa mefchante vie l'accomparoit à Ieroboam. Comme il fit reprenant le Roy Achab, & O- *1. Reg. 21.* chofias fils d'iceluy Achab, & Zacharie Roy *1. Reg. 22.* d'Ifrael. Baafa auffi fut esleu de Dieu com- *2. Reg. 15.* me eft tefmoigné par le Seigneur parlant par la bouche du Prophete Iehu, luy difant: Pour- *1. Reg. 16.* tant que ie t'ay leué de la poudre, & t'ay conftitué Prince fur mon peuple d'Ifrael, & as

B 4

cheminé en la voye de Ieroboam, i'osteray ses successeurs de Baasa, & mettray ta maison en tel estat que celle de Ieroboam. Hazael fut esleu de Dieu sur Israel par la bouche du Prophete Elisée, qui toutesfois fut si meschant, que le Prophete luy voulant annoncer le decret du Seigneur le constituant Roy sur Syrie, ne peut se tenir de pleurer, preuoiant les maux qu'il feroit sur Israel ; iusques à brusler leurs forteresses, mettre au glaiue leurs iouuenceaux, & par pieces les femmes enceinctes, froissant en terre leurs petits enfants. Et encor par dessus tout cela le Seigneur adiouta : Et aduiendra que quiconques eschappera le glaiue de Hazael, Iehu le tuera : Monstrant par la euidemment que ces deux Rois estoient ministres de son ire.

Or toutesfois ne faut il estimer, que seulement les Princes mauuais qui ont vescu soubs la Loy & cognoissace de Dieu aient esté dónés d'icelui, & aient esté appellés ses oings, ses sáctifiés, ses seruiteurs & ministres : mais aussi ceux qui ont esté Paiens, Gentils & idolatres, & fort esloignés de la cognoissance du vrai Dieu, qui pareillement sont des escriptures sainctes honnorés de ces tiltres. Le Roy Cyrus a esté du Seigneur par la bouche du Prophete Esaie appellé son oingt, & esleu pour chastier les peuples mesprisants le Seigneur : disant, Et le Seigneur a parlé ainsi à Cyrus son oingt, duquel i'ai pris la dextre, à fin que ie rande subiects les gents deuant sa face, & que ie debilite les reins des Rois. Ie irai deuant toi, ie te dresserai les voies tortues, & romprai les portes d'erein, t'appellant par ton nom (encor que ne m'ayes cognu.) Or appeller

peller aucun par son nom, en la saincte escripture
est pris pour l'eslire expressement, & nomme-
ment, pour certaine œuure. Et par le mesmes Prophete, Que les Capitaines entrent par la porte de *Esa.13*
Babylone: i'ai commandé à mes sanctifiés, i'ai appellé mes hommes forts en mon ire, à fin qu'ils *Esa.13.47*
se glorifient en ma gloire. Or disoit il ces mots *47.*
pour Cyrus, & Darius, Rois de Perse, & de Me- *Esdr.1.2.*
de appellés pour la ruine de Babylone. Dieu ap- *3.*
pella doncques Cyrus, & Darius ses sanctifiés, qui
neaumoins n'estoient ni saincts ni iustes, ains
seulement executeurs de sa volonté, pour chastier
l'orgueil, & l'asciuité de Babylone. Le Roy Nabuchodonosor desbordé à toute meschanceté par
dessus tous ceux qui ont esté deuant & apres luy,
qui fut tant insensé qu'il ne volut qu'en son Royau- *Iud.3.*
me fut adoré autre Dieu que luy, sur lequel pour
ses messaicts tumba punition au parauāt non ouie,
estant deschassé de la communion des hommes, *Dan.4.*
habitant auec les bestes brutes, & estant repeu
des herbes des champs comme icelles par l'espace
de sept années: toutesfois il fut appellé le seruiteur
de Dieu, aimé de Dieu, & aiant par icelluy esté
faict le plus puissant Roy de la terre. Voici (dit le *Ierem.25*
Seigneur par Hieremie) ie prendrai toutes les fa-
milles d'Aquilon, & Nabuchodonosor roy de Babylone mon seruiteur, & les ferai venir sur ceste
terre contre ses habitants, & les mettrai à sac, &
ses gents seruiront au Roy de Babylone par septan-
te années. Et par le mesmes Prophete en autre *Ierem.27*
lieu, Et ainsi donc i'ai donné toutes ces terres en
la main de Nabuchodonosor mon seruiteur. Et en

Ezech.29 autre lieu par le Prophete Ezechiel : Ie meneray
mõ seruiteur Nabuchõdonosor : Et pource qu'il m'a
bien serui pres de Tyr, ie luy donneray aussi l'E-
gipte. Et ainsi semble que l'Apostre l'aie entendu
Rom.13. escriuant aux Romains : Voulés vous ne craindre
point la puissance ? faictes bien. Car le Prince est
seruiteur de Dieu pour ton bien, & pour faire iu-
stice. Les histoires prophanes aussi sur ce propos
rendent tresample tesmoinage. Le meschant, &
cruel Totila Roy des Goths, auec toute sa meschã-
ceté estoit nommé le fleau de Dieu, & par tout pour
tel tenu & reputé. Alaric (aussi Roy des Goths) rauisseur, & violent occupateur des roiaumes, & mes-
mement de Romme (comme recite Iornandes) à vn
Sainct homme luy venant au deuant pour le diuer-
tir de la cruelle entreprise qu'il auoit faict sur Rõ-
me respondit, Cuides tu que ie vienne icy de mõn
mouuement, & propre volonté? Ie y viens par l'ad-
monestement de Dieu, qui tous les iours me repre-
sente vn homme hydeux, m'aduertissant de ce faire.
Dond le Sainct homme fut tant estonné, qu'il de-
moura tout coy, & sans replique, & s'en alla prenãt
autre chemin que celuy de Romme. Quant à moy
ie suis induit à croire que tel estoit Alexandre le
grand, à scauoir instrument, & ministre de Dieu, à
ruiner les peuples, & Potentats mesprisants Dieu.
Autrement n'eut esté possible à force humainé en si
peu de temps, & en si bas aage, de conquester tant
de terres, & royaumes, cõme les histoires recitét de
Dan. 10 luy. Et certainement semble que c'est de luy que le
Prophete Daniel parle, predisant qu'il viendroit
vn Roy de Grece qui destruiroit la puissance des
Perses

Perſes. Et ainſi fut creu par le meſmes Alexandre,
lors que Iadus grand Eueſque de Hieruſalem le receut dans le temple, & lut deuant luy icelle Pro-
phetie. La grande faueur Diuine qu'il receut mira-
culeuſement du Seigneur, pouſſe auſſi mon eſprit à
ainſi le preſumer : s'eſtant la mer de Pamphilie di-
uiſée (comme iadis auoit faiÆ à Moiſe) pour luy
donner libre accez, & paſſage contre Daire roy
des Peres. Et toutesfois il eſtoit diſſolu de bouche
deſordónement, vſant du vin par trop largement,
meurtrier treſinhumain en la perſonne de ceux qui
plus eſtoiĕt eſtimés eſtre de lui aimés & cheris. Par-
menio ſon familier en eſt temoing, qui pour l'auoir
fidelement admoneſté en vn conuiue & banquet,
de ſobremĕt prendre du vin, fut par luy ſoubdaine-
ment occis. Et Dicion (pour auoir tant orné de lo-
uenges Philippes pere d'Alexandre, qu'il entra en
opinion qu'il le vouloit esleuer par deſſus luy) au
dernier periode de ſa vie veid le pognard, & main
d'Alexandre enſanglantés, & rouges de ſon ſang.
Fut auſſi tant outrecudé qu'il voulut non ſeulement
eſtre reueré pour Dieu, mais auſſi esleuer d'autres à
dignité diuine, comme Epheſtion ſon amy ; par ce
moyen audacieuſemĕt s'ingerant à creer des dieux,
puniſſant à mort tous ceux qui à les adorer eſtoyent
repugnants, & reueches. Et pour ceſte cauſe Caliſ-
thenes par luy fut condanné à perpetuelle priſon.
Et Lyſimachus pour (eſtant meu de pitié) luy a-
uoir baillé du poiſon, pour abreger ſes iours, fut
ietté aux Lyons (combien que ſans d'yceux receuoir
offence.) Certainement en ce pas ie ne puis laiſſer
en arriere le recit du grand Tamburlan, qui du
temps

temps de nos ayeuls issu de berger vainquit, & sub-
iuga en si peu de temps tout le royaume de Perse,
de Syrie, d'Armenie, Babylone, Mesopotamie,
Scythie Asiatique, Albanie, Mede, & plusieurs
villes libres trespuissantes & renommees, qu'à bon
droit il pourroit dire comme Iules Cesar, Ie suis
arriué, i'ay veu, i'ay vaincu : sans toutesfois auoir
aucun droit sur icelles prouinces, ni d'election, ni
hereditaire, comme estant issu de fort bas lieu, &
n'ayant rien de commun auec la grandeur. Et neaumoins enquis pourquoy il estoit tant furieux &
inhumain enuers les hommes, respondit en grande colere : Pensés vous que ie soye autre chose que
l'ire de Dieu? De cela pouuons conclurre euidam-
ment, que tant le mauuais que le bon Prince, a sa
puissance de Dieu, & que les bons Princes sont
guerdon de Dieu, donnés aux peuples viuans selon
sa loy & volonté : & au contraire les cruelz, & ty-
rans sont instrument de Dieu, pour punir, & chastier generallement les pechés de tout vn roiaume,
voire quelquefois des roiaumes voisins.

6
Qu'il
faut en-
tieremét
obeir
aux rois.

Rom.13.

    Puis donc qu'il est ainsi, que tant les bons que
les mauuais Princes sont donnés de Dieu, ne faut
doubter que la volonté diuine ne soit de leur obeir
entierement, comme à ses ministres esleus, & choi-
sis. Pource l'Apostre aux Romains admóneste, que
toute personne soit subiecte aux puissances supe-
rieures : car il ni a point de puissance sinon de
Dieu. Parquoy qui resiste à la puissance, resiste à
l'ordonnance de Dieu. Et ceux qui y resistent, fe-
ront venir damnation sur eux-mesmes. Et pourtant il faut estre subiects, non point seulemét pour
l'ire,

l'ire, mais aussi pour la conscience. Et pour ce le
mesme Apostre escriuant à Tite, luy enioinct tres- *ad Tit. 3.*
expressement, qu'il admoneste les fideles d'estre
subiects aux Principautés & puissances, & à leurs
gouuerneurs. A quoy est conforme l'aduertisse-
ment de sainct Pierre, disant. Soyés donc subiects *1.Petr.2.*
à tout ordre humain pour l'amour de Dieu, soit au
Roy comme au superieur, soit au gouuerneur comme à celuy qui est enuoyé de par luy, à la vengeance des malfaicteurs, & louange de ceux qui font
bien. Car telle est la volunté de Dieu. Le sage Sa- *Eccle.8.*
lomon en son Ecclesiaste a baillé mesme commandement. Ie t'aduertis (dit-il) que tu prennes garde
à la bouche du Roy, & sur la parolle du iugement
de Dieu. Lesquels mots ont esté interpretés, qu'on
obeisse au Roy, & qu'on garde le serment qu'on
luy aura faict. Et en mesme lieu, Qui gardera le
commandement du Roy, ne fera nul mal. Israel
semble interpreter le dit de Salomon en Iosue, di- *Iosu. 1.*
sant à son chef & Prince, Tout homme qui rebel-
lera à ton mandement, & n'obeira à tes perolles
en tout ce que tu commanderas, mourra. Le Seigneur aussi par la bouche du prophete Ieremie
nous confirme ce commandement euidemment, &
à l'œil, menaçant tous les Rois & peuples de Iudee de ruine, s'ils n'obeissent à Nabuchodonosor,
encor qu'ils soient fideles & ayent cognu Dieu, &
au contraire Nabuchodonosor infidele, payen, n'a- *Iere.27.*
yant iamais eu la cognoissance du vray Dieu. I'ay
donné (dit-il) toutes les terres à Nabuchodonosor
Roy de Babilone mon seruiteur, & toutes gents
luy seruiront, & à son fils, & au fils de son fils ius-

que à ce que le temps de sa terre vienne. Et aduiendra, que la gent qui ne luy seruira point, & quiconques ne soubmettra son col à son ioug, ie feray visitation sur ceste gent par l'espee, par la peste, par la famine, iusques à ce que ie les aye baillé à sa main.

Ierem.28 Et en autre lieu le mesme Prophete dit à Ananias (qui auoit sollicité le peuple d'Israel à soy reuolter contre Nabuchodonosor) Voici ie t'enuoieray hors la face de la terre. Car tu as annoncé reuoltement contre le Seigneur. Et par telle faute commise en-

2.Sam.18 uers le Roy Dauid, Absalon (encor que fils d'iceluy Dauid) fut par la volonté diuine puny à mort, fuyãt au iour de la bataille, & demeurant pédu & accroché en vn arbre, & par Ioab trãspercé d'vne lánce, puis en la forest dans vne profonde fosse couuert de bois, & pierres, luy seruants de Royalle sepulture.

2.Reg. 25 Pour mesme faute Sedecias (auquel Nabuchodonosor auoit donné le royaume de Iuda) reuolté contre son Seigneur veid cruellement en sa presence tuer ses enfants : puis ayant les yeux creués, fut mené en Babylone pour y finer ses iours, en prison obscure & perpetuelle. Ioacim (constitué roy sur Iuda par Pharaon Nechao) atteint de mesme crime & faute, ne fut sans punition meritée. Car (comme on lit

2.Reg 24 au liure des Roys) le Seigneur enuoya contre luy
Dan.1. vne bande de gendarmes des Chaldeens, & vne de Syriens, & vne de Moad, & vne denfans d'Hammon pour le destruire. Tant qu'en fin fut liuré es

7 mains de Pharao son Seigneur pour estre de luy
Qu'il ne puni selon ses merites.
faut mes
dire des   Or ne c'est cõtenté la saincte escripture, de nous
Rois.   imposer obeissance aux Roys : mais encor outre ce

nous

ñous enseigne sur eux deux choses. L'vne est ne dire mal du Roy, ni mesmes le penser. Disant le sainct Legislateur Moise, Tu ne detracteras des iuges, & *Exod.22* ne maudiras le Prince de ton peuple. Et le sage Salomõ, Ne dy mal du Roy, non point mesmes en ta *Ecclef.10* pensée, car les oiseaux du Ciel porteront ta voix, & ce qui vole annoncera ta parolle.

L'autre est de prier encor pour le Roy, & pour sa 8
prosperité à l'imitatiõ du Prophete Baruch disant, Qu'il
Faictes l'offrãde sur l'autel du Seigneur Dieu, priãts faut pri-
pour la vie de Nabuchodonosor roy de Babylone, er pour
& de Baltasar son fils à fin q̃ leur vie dure autant sur *Bar.1*
la terre, que le Ciel. Et que le Seigneur illumine noz
yeux, à fin q̃ nous viuiõs sous l'õbre de Nabuchodonosor, & de Baltazar son fils tellemẽt q̃ nous ayons
leur bõne grace. Et S. Paul à Timothée, l'admoneste *1.Tim.2*
dõc qu'auãt toutes choses on face prieres, supplica-
tions, & actiõs de graces pour tous hõmes, pour les
Roys, & pour tous ceux q̃ sont cõstitués en dignité,
à fin q̃ menions vie paisible en toute pieté, & hõne-
steté. Car cela est bon, & agreable deuãt Dieu. Et ne
faut arguer si le Prince est discole ou non, puis que
à l'exẽple de Nabuchodonosor (qui onc ne cogneut
Dieu) nous y sommes obligés. Et que le Seigneur *Ierem.29*
(par la bouche du Prophete Ieremie) commande 9
aux enfans d'Israel (encor qu'ils soyent captifz & Que
esclaues dans Babylone) prier pour la prosperité Dieu a
d'icelle & du roy Nabuchodonosor. particu-
lieremẽt
Ne faut donc s'esmerueiller qu'en plusieurs pas- soucide s
sages des historiens trouuõs, que Dieu a eu soin prin rois par
cipal des roys, & de ceux que sa prouidence auoyt dess' les
cognu deuoir quelque iour venir à dignité royale: autres
hõmes.

leur vfant de faueurs non accouftumees enuers les autres hommes, fingulieres & miraculeufes. Comme on lit du grand chef du peuple Hebrieu : lequel mis au fleuue pour eftre noyé, fut par la fille du Roy Pharaon (fe promenant au long du riuage de l'eau) recouru du peril eminent, & nourry comme s'il eut efté fon propre fils. Comme on lit de Remus & Romulus, par les fatales deftinees mis en lumiere, pour eftre fondateurs du plus grand royaume de la terre : lefquels en leur infance expofés, & mis és bois, pour eftre deuorés des beftes fauuages, trouuerent en icelles fauuegarde, pitié & clemence : eftans nourris par vne louue, & par icelle preferués de la fureur des autres cruels animaux. La roine Semiramis (encor qu'en fon grand aage elle aye efté vn exemple de toute lafciueté & eftráge lubricité) fi eft ce qu'eftant en fon infance mife, & delaiffee pres le lac de Syrie, fut long temps nourrie par les oyfeaux. Hiero roy & tiran de Syracufes, de mefmes expofé au bois fauuage, fut nourri par les abeilles. Cyrus qui fut roy de Perfe, enuahiffeur & violant rauiffeur des terres & heritages des Rois fes circonuoifins, receut de Dieu mefme faueur. Car Aftyages roy des Medes ayant vn iour fongé, que du ventre de fa fille Madanne il voyoit naiftre vne vigne, qui de fa grádeur couuroit toute l'Afie, appella fes diuins, & interpretateurs de fonges : qui luy rapporterét par ce eftre fignifié, que de fa fille naiftroit vn fils, qui (l'aiant deiecté de fon throfne) occuperoit toute l'Afie. A quoy voulant ledit Aftyages pouruoir, commanda à vn de fes capitaines de prendre & occire fecrettement l'en-

fant

fant de sa fille, incontinant qu'il seroit né. Mais le
capitaine voyant que le royaume deuoit venir és
mains de Madanne seulle fille d'Astyages , & par
consequent à iceluy filz, eut horreur d'ensanglan-
ter ses mains du sang royal , & de celuy qui par
droit vn iour deuoit estre son Seigneur naturel.
Dont le bailla à vn de ses pasteurs pour estre porté
és bois ; & là (selon que fortune voudroit, & auroit
arresté de luy) viure, ou mourir. Or ce pasteur
retourné à sa maison, apres auoir executé son
mandement & charge, & estant pensif fut de sa fa-
me tant prié, requis , & pressé qu'en fin luy decla-
ra la cause de son regret & ennuy. Laquelle in-
continét mëue de pitié feminine, accourut au bois,
& trouua vne grande chienne allaictant le petit
enfant , & le preseruant des oyseaux, & autres bestes de rapine, curieusement, comme si par la prouidence diuine elle eut esté la establie. Paris sils du
roy Priam voluptueux sur tous autres , & rauisseur
de la belle Heleine, exposé pareillement par l'auis
des deüins de Priam, qui luy raporterent que sa fem
me pourtoit vn fils, qui seroit cause de la destruction de Troye, si fut il nourry par vne biche iusques à ce qu'vn pasteur suruenant l'emporta pour
le faire nourrir à sa femme. Le troisieme roy des
Lóbards fut Lamusie fils d'vne femme qui s'oublia
en son hóneur , & pour couurir sa fante exposa son
fils aux bestes brutes, le iettant dans vn fossé. Le roy
Algemond d'aduenture passant par là le veid, gardé
par vn vaultour, contre le naturel de la beste viuát
de rapine. Le roy le toucha de sa baguette, pour
sauoir s'il estoit mort : Mais l'enfant auec ses petites

C

mains empoigna si fermement la baguette royalle,
qu'il fut tiré hors du fossé. Dond le Roy estonné de
la nouueauté du faict, & qu'vne si petite & ieune
creature eut montré si grande force, & generosité
de courage, le feit nourrir auec grand soin, & dili-
gence, & en fin luy remit sa coronne. C'est cas
estrãge du soucy que Dieu a eu de Sandracotus, qui
puis fut roy des Indes, & spoliateur de ses voisins,
lequel (fuiant tout seul la fureur d'Alexandre par les
deserts de Lybie) las & fasché du trauail, reposant
sous l'ombrage frais d'vn arbre s'endormit de pro-
fond sommeil. Quand durant son somme suruint
vn horrible lyon, qui ayant mué son farouche naturel en façon douce, non seulement le preserua de
l'inuasiõ des autres bestes, mais encor luy essuya sa
sueur, le leschant de sa langue au lieu de le deuorer.

Mais quoy? la faueur de Dieu enuers les souuerains Princes a passé beaucoup plus outre, demonstrant la naissance de ceux qui par dessus les autres
humains deuoiét estre genereux, leur declarát leur
mort prochaine pour y obuier, si possible estoit. Et
generallement leurs bons ou tristes euenements,
quelquefois par Diuins, autresfois par Propheties,
ordinairement par le cours des astres, & souuét par
signes clairs & euidens. Priam roy de Troye fut aduerty de sa ruine par le songe d'Hecuba sa femme,
& Astyages roy des Medes par le sié propre: & Philippes de Macedone de la grandeur future de son
fils, ayant songé qu'il auoit veu descendre la foudre
du Ciel dans le vétre de sa femme Olympias, & elle
pour auoir veu en dormant qu'elle estoit enceincte
d'yne vessie enflee, laquelle designoit la rondeur de

la

10
Que
Dieu pre
dit aux
Roys
leurseue
nements
par si-
gnes.

la terre. Hegesias Magnesien recite, que le iour de
la naissance d'Alexádre (qui fut le sixiesme du mois
de Iuin, par les Macedoniens appellé Lous) le grád
temple de Diane en Ephese fut bruslé:dond les Pre-
stres & Diuins corurent cóme forcenés par la ville,
battans leurs poictrines, & crians que ce iour estoit
né quelcun, qui seroit grande ruine à toute l'Asie.
Fredegonde femme de Chilperic roy de France,co
gneut par vision de diuers animaux (le premier soir
de ses nopces) l'estat & naturel de tous les enfás qui
deuoyent naistre d'elle & de Chilperic. A Rome la
fláme de feu entourát les cheueux de Seruius Tullus
sans nuisance, luy demóstra qu'il seroit roy des Romains. Les Augures du roy Latinus (cóme recite le
Poëte Mantoan) cogneurent qu'vn roy estranger
deuoit venir regner en Italie, par vn essain de mou-
ches à miel se perquant au sommét du l'aurier, qui
estoit à l'entrée du Palais royal, & ce roy fut Eneas,
qui espousant Lauiniä fille du roy Latinus, luy fut
successeur au royaume. Philippique Bardanus prince Cóstantinopolitain fut aduerti qu'il paruiédroit
à la dignité Imperialle, par vn aigle qui priuemét se
vint reposer sur son chef : & y paruint maugré tous
les empeschemens humains, encor qu'il fut báni ou
relegué en Cephalone par Asimare, qui auoit osté
l'empire à Leonce, apres l'auoir emprisonné:lequel
Leóce l'auoit raui à Iustinié, par luy báni & relegué
en Chersonnese, ville de Nigrepont. Or Iustinien
soy retira à Vuello roy de Bulgarie,duquel(soubs la
promesse d'espouser sa sœur quád il seroit restitué
en l'empire)il tira si grádes forces, & de gés, & d'ar
gent, qu'il vainquit ledit Asimare, Ainsi estant ar-

riué à Constantinoble il trouua prisonnier Leonce, qui iadis luy auoit rauy son empire, & coupé le nés, duquel il print vengeance à son souhaict. Estant donc reintegré en sa premiere dignité, & voulant du tout asseurer son Empire, se souuenant du presage aduenu à Philippique, & doutant qu'encor l'effect ne peut aduenir, delibera à main armee l'aller trouuer là où il estoit relegué, & par mesme voyage soy venger du mauuais traictement que luy auoiét faict les Chersoneens durant son exil. Lesquels de ce aduertis leuerent grosse armee, mandans à Philippique se ioindre à eux, & armer aussi. Quoy faict ils combattirent si vaillamment (ou desesperemét) qu'en bataille rengee vainquirent Iustinian, le prindrent, & son fils, & leur trancherent la teste publiquement. Donc Philippique (suyuát son bon heur) vint à Constantinoble, & auec l'ayde de ses amis veid l'effect signifié par le presage de l'aigle. A Constantin le grand (estant en gráde perplexité le iour de la bataille, ne s'estimant assez fort pour son ennemy) fut monstree au ciel vne croix resplendissante, soustenue par deux Anges, qui luy dirét, Tu vaincras ceste bataille en vertu de ce signe, & vainquit. Donc despuis fut Chrestien, celuy qui auoit faict la dixieme persecution contre les Chrestiens, laquelle auoit duré dix annees. A Antiochus Sother aussi apparut vn signe en figure Pentagone, par le moyen duquel il fut acertené de la victoire sur ses ennemis. L'annee nonanteneuf par dessus sept cents, par l'obscurité irreguliere du Soleil fut demonstré l'aueuglement de l'Emp. Constantin priué de ses yeux, ensemble de la veüe, par sa mere Hirene oc-
cupatri

cupatrice de l'empire fur fon propre fils,& du Pape
Leon 4. pareillement, & en ce temps aueuglé par
les Romains: pource qu'il ne vouloit approuuer, ni
obeir aux commandemés de l'Imperatrice.A Pompee la nuict deuát la bataille malheureufe de Phar-
falie, luy fembla qu'il eftoit au temple de Venus vi-
ctorieufe, l'ornát de trophees & defpouilles. Donc
doubta que cene fut des fiennes propres, & à fon
dommage : d'autant que la race de Cefar eftoit de-
fcendue de Venus. Qui plus eft enuiron minuict eut
en fon camp des bruits & frayeurs fans caufe, &
auteur, lefquels on appelle frayeurs Paniques. Dóc
efueillé en furfault,& remuant fes fentinelles, veid
vne grande clarté celefte fur le camp de Cefar.
A Pompee (felon Lucan) Ericthone fourciere euo-
qua l'efprit d'vn mort, qui luy predit tout l'euenement de la bataille Pharfalique. Comme, auffi felon les fainctes lettres, vne femme Phytoniffe feit   1.Sam.28
reuenir l'efprit de Samuel, pour predire liffue de
la bataille prochaine à Saül,& fa mort en icelle. La
nuict deuant le deces de Iules Cefar, toutes les portes & feneftres de fon Palais, s'ouurirent d'elles
mefmes, & fa femme Calphurnia en fonge veid
grand nombre de gens qui tuoyent & maffacroyét
Cefar. Donc le pria de tout ce iour ne fortir en public,& remettre l'affemblee du Senat à autre iour.
Mais obftiné, & incredule, fit facrifier à fes Dieux,
donc les facrificateurs (qui par l'infpection des entrailles des beftes cognoiffoyét les chofes à venir)
luy rapporterent mauuais prefages. Et qui plus eft,
il fut aduerty par vn aftrologue Romain qu'il ne
pafferoit pas ce iour là. Marc Antoyne Triumuir

C   3

auſſi receut pluſieurs ſignes, donnans à cognoiſtre
ſon triſte euenemét. Quelques iours auant ſa mort
la ville de Piſaure, ſur la mer Adriatique (par luy
iadis rebaſtie)fut par tremblemét de terre englou-
tie, & abiſmée. La ſtatuë de pierre qui en ſon hon-
neur auoit eſté dreſſée en Albe, ſüa par pluſieurs
iours, comme eſprinſe d'angoiſſe pour le mal de
ſon Seigneur. Et combié qu'on la torchaſt auec des
linges, ne laiſſoit pour cela de recheſ ſuer. L'orage
du vent abbatit les Coloſſes qu'il auoit dreſſé à
l'hôneur d'Eumenes,& d'Attalus, (leſquels eſtoyét
appellés les Antoniés)ſans faire domage aux autres
Coloſſes qui eſtoyent autour. En la nef Capita-
neſſe de Cleopatra ſa mignonne, appellée Anto-
niane, des hirondelles auoiét faiĉt leur nid deſſous
la pouppe:des autres vindrent qui en chaſſerent les
premieres & deſmolirent leurs nids. Peu auant la
mort d'Alexandre de Macedone vn aſne aſſallit
fierement vn des plus grands lions qui fuſt au parc
d'Alexandre en Babylone, & le tua d'vn coup de
pié. Dou Alexandre ſcandalizé fit ſacrifier à ſes
Dieux, & aux entrailles des beſtes ſacrifiées ne fut
point trouué de cueur. Pareillement il trouua vn
homme qu'on n'auoit veu entrer, aſſis ſur ſon throſ
ne,aiant ſur la teſte le Dyadeſme Royal d'Alexandre,& la robe de pourpre du roi ſur ſon dos,lequel
interrogé qui il eſtoit,reſpondit,qu'il eſtoit meſſa-
ger du Dieu Serapis, & venu la prandre la place
d'Alexandre par ſon commandement. A Pyrrhus
roy des Epirotes fut predit qu'il mourroit lors qu'il
verroit vn loup,& vn Taureau combatans. Ce que
aduint, lors qu'il les veid en tel eſtat gettés en

Bronze

Bronze à l'entrée d'Argos, ou il mourut d'vn coup
de tuille, getté denhault fur fa tefte par vne viel-
le, de laquelle il pourfuiuoit le fils. La mort
du grand Charlemaigne roy des Françoys luy
fut demonftrée par plufieurs fignes. Le Soleil & la
Lune perdirent leur couleur,& clarté naturelle par
trois iours,deuenants noirs comme s'ils euffe com-
mencé le dueil de celluy qui encor n'eftoit mort.
Son nom profondement graué côtre le mur,en l'e-
glife de la vierge Marie à Aix la chappelle, s'effa-
ça de foimefmes, la pierre s'esleuant & ramplif-
fant voluntairement la graueure.Du temps de noz
ayeulx, regnant à Naples Ferdinand roy d'Arra-
gon,Cataldus(qui mille ans auparauant auoit efté
homme fainct,& euefque de Trante) apparut plufieurs fois de nuict à vn religieux de faincte
vie, luy enfoignant d'aller en certain lieu, tirer
hors d'vne grotte vn liure, lequel iadis il y auoit
mis, & qu'il le pourtaft incontinent au roy pour
y voit fa deftinée. Quoy faict (auec l'affiftance
de tout le clergé) y fut leuë la prediction, de la
ruine du royaume par Charles Roy de France, &
la mort du Roy Ferdinand, & de Ferdinand fon
fils deuxiefme en bataille , & l'exil d'Alphons
fon fils aifné pauure, & miferable. Les fainctes
lettres auffi de ce propos nous donnent ample tef-
moignage. Quand Iafon print par force d'armes
Ierufalem, au roy Archelaus par l'efpace de qua- 2.Mac.5
rante iours au parauant apparurent en lair armé-
es de gents à cheual, rengées en bataille la lance
fur la cuiffe, en contenance de vouloir courir les

C 4

vns sur les autres. Archelaus (fils d'Herode roy des Iuifs) le soir deuant qu'il fut adiourné, à personnellement soy representer deuant Auguste Cesar, veid en songe vn bœuf mangeant neuf espies de blé: Donc il cogneut qu'il regneroit encor neuf annees, & que puis y auroit changement de Roy en son royaume. Argumentant par la nature du bœuf qui luy estoit apparu, laquelle est de torner, changer, & renuerser la terre. Pharao roy d'Egipte(encor qu'il poursuiuit à mort le peuple esleu du Seigneur) si fut il admonesté de soy retirer, par la colomne de feu qui renuersa son chariot , auant qu'il se iettast dans la diuision de la mer, diuinement ouuerte à Moyse, & au peuple d'Israël.

    Et pource que les affaires & negoces du Prince souuerain sont de tresgrande importance (comme estants estendus par dessus tant de peuples & nations) & d'iceux depend le repos, & tranquillité du genre humain, ou l'affliction, & vexation generalle de tous: Le Seigneur a aux Princes souuer. predit par Saincts personnages & Prophetes, l'issue que deuoiët prédre leurs affaires, leur demonstrant par ce moyen le decret de sa secrette volunté. A Pharao roy d'Egipte il demonstra la sterilité de sept annees suiuátes, à fin qu'il bastist des greniers, & fit amas du blé pour ce temps. Il predit par Ionathan à Abimelech roy de Sichem, sa ruine, & mort, pour auoir tué septante hommes ses freres, & auoir rauy le royaume qui ne luy appartenoit. Il admonesta le roy Dauid de despartir de Ceïla, autrement que les citoyens de la ville le liureroyét és mains de Saül son aduersaire. Il monstra sa ruine

                                                                  &

Exod. 14 (marginal)

II
Que Dieu predit aux Roys leurs euenements par Prophetes. (marginal)

Gen. 41. (marginal)

Iud. 9. (marginal)

1. Sam. 23 (marginal)

1. Sam. 28 (marginal)

& mort à Saul par l'esprit de Samuel. Il predit au
Roy Dauid par le Prophete Nathan les maux qui ｜2. Sam. 12
luy deuoyent auenir, pour auoir fait tuer Vrie He-
thien, & auoir espousé sa femme, & la mort du fils
qu'il auoit eu d'elle. Il se monstra à Salomon, luy ｜1. Reg. 9
predisant les richesses, & grandeurs qu'il auroit par
dessus tous autres Rois. Par la seconde fois encor ｜1. Reg. 11
apparut à Salomon fouruoyé de vraye religion, &
decliné à idolatrie, luy predisant que de son royaume seroit à d'autres parti dix lignees, n'en restant
que deux à ses successeurs. Roboam fils de Salomon ｜1. Reg. 12
fut aduerti par Semeia (enuoyé de Dieu) de n'entre-
prendre guerre contre Ieroboam, pour recouurer
partie du Royaume de son pere, à sauoir dix des lignees d'Israel, dond Ieroboam s'estoit fait Roy. A
la femme de Ieroboam (par la bouche du Prophete ｜1. Reg. 14
Ahias) il predit la ruine de la maison de Ieroboam,
& d'Israel. A Baasa Roy d'Israel (par le Prophete ｜1. Reg. 15.
Iehu) il predit sa ruine, & destruction de l'estat de ｜& 16
sa maison, comme de celle de Ieroboam fils de Nabath. Et la famine future au Roy Achab, par le Pro- ｜1. Reg. 17
phete Helie. Et au mesme Achab, la victoire qu'il
deuoit obtenir sur Benhadab, qui l'annee suyuante
toutesfois deuoit retourner auec plus grande armee, l'exhortant à faire ses apprests pour le receuoir courageusement. En fin predit par Helie à ice- ｜1. Reg. 20
luy Roy Achab sa ruine, & de Iezabel sa femme,
& que les chiens la mangeroyent pres les murs de
Iezrael, pour auoir fait occire Naboth, refusant ven
dre au Roy sa vigne & bien hereditaire. Il predit ｜1. Reg. 21
par le Prophete Michee à Achab Roy d'Israel, l'is-

C 5

fue mauuaife de la coniuration qu'il auoit fait auec
Iofaphat Roy de Iuda, pour recouurer la ville de
Ramoth en Galaad. Et à Ochozias fon fils qu'il
n'efchaperoit de celle maladie, pource qu'il auoit
efté à recours vers Belzebuth dieu en Accaron. He-
lifee predit à Hafael qu'il feroit Roy de Syrie, &
qu'il feroit mefchant Roy. Predit à Ezechias Roy
d'Ifrael par Efaye, qu'il auroit victoire notable fur
Sennacherib Roy des Affyriens. Predit au mefme
Roy par Efaye l'iffue de l'effect de fa maladie, & la
captiuité du peuple d'Ifrael, mené en Babylone. Et
à Iofias Roy d'Ifrael (par la bouche d'Olda Prophe-
teffe) la ruine de Ierufalem, & que toutesfois il ne
verroit point tous ces maux. Annoncea par le Prophete Ezechiel à Sedecias qu'il feroit Roy d'Ifrael.
Et par le Prophete Efaie la deftruction de Hieru-
falem, & fa captiuité. Et à Ioacim Roy de Iuda fa
mortignominieufe, qu'il feroit trainé par la ville,
& ietté hors les murs d'icelle, pour eftre expofé aux
beftes fauuages, qui deuoreroyent fa charogne.
Monftra à Nabuchodonofor Roy de Babylone par
le Prophete Daniel, qu'il feroit par l'efpace de fept
annees chaffé de la compagnie des hommes, & ha-
biteroit auec les beftes brutes, vfant de mefme pa-
fture qu'elles, & couchant à la rofee comme icelles. Predit à Baltazar Roy de Babylone qu'il feroit
chaffé de fon Royaume par les Medes & Perfes, &
finalement occis. Et ce par certains mots qu'vn Ange efcriuit contre la paroy de la falle Royale, ce-
pendant que le Roy faifoit banquet & feftin fo-
lemnel. Par Ofee predit au Roy d'Ifrael la ruine
d'Ifrael

Marginal references: 2.Reg.1. · 2.Reg.8. · 2.Reg.19 et Efa 37 · 2.Reg.10 · 2.Chr.34 · Ezec.17. · Iere.17. 21.34. · Ierem.21 · Dan.4. · Dan.5. · Ofe.10.13

d'Ifrael, pour auoir facrifié à Baalim, & la faluation
de Iuda pour n'eftre tombé en telle mefchanceté:
ains eftre demouré en la crainte du Seigneur. Et par
le Prophete Ioel aux rois de Tyr, Sydon, & Palefti-   Ioel. 2.
ne, que mefme cas leur aduiendroit qu'ils auoyent
fait en Iudee, accourans au pillage lors que par les
Babyloniens fut prife, & que leurs femmes & enfans feroyent vendus aux Sabeens, peuples fort ef-
loignez, comme ils auoyent vendu les Ifraelites aux
Grecs. Et par le Prophete Amos qu'il enuoyera le   Amos 1.
feu aux murailles d'Azael, qui brulera le palais de
Benhadab roy de Syrie, & qu'il briferoit les portes
de Damas, & celuy qui tient le fceptre de Bethe-
den. Et qu'il extermineroit celuy qui tient le fceptre d'Afcalon. Et qu'il confumeroit par feu Rabba,
& que fon Roy iroit en captiuité. Et par Ionas la   Ion. 3.
deftruction de Niniue (laquelle toutesfois n'aduint
pour la grande repentance qu'eut le Roy de fes pe-
chez, & le dur ieufne qu'il impofa à tout fon peuple). Et par le Prophete Nahum la mefme deftru-   Nah. 3.
ction, aduertiffant le roy d'Affur que fon peuple
fera efpars, & que nul né le raffemblera, pource
que fa malice a efté eftendue fur tous.

12

Et non feulement Dieu a voulu demonftrer les   Que
euenemens des rois, par fignes inferieurs, bas &   Dieu
caduques, & par les hommes terreftres, ains a fait   môftre
les Aftres (comme le monde perdurables, & lu-   les eue-
mieres de l'habitatió, tant diuine qu'humaine) eftre   nemens
afferuis aux rois, demonftrant par leur cours ce que   des rois
leur doit aduenir, ordonnant & eftabliffant lieu &   par les
Aftres.

place entr'eux, significatiue de la maiesté Royale.
La dixieme maison de la reuolution du monde par
les Astrologues, tant Europiens, Afriquains, & Arabes, que Asiatiques & Chaldees, est communement
appellee la maison Royale (comme i'estime) pource que ce nombre est le supreme & par dessus tous
autres. Car depuis iceluy en outre on n'vse de nou-
ueaux nombres, mais seulemét on repete les passez.
Entant qu'à bon droit les Pythagoriques disoyent,
que ce nombre contient en soy tous autres nombres, ou par multiplication les interprete : & pource a il esté de toute ancienneté de grand pouuoir,
vertu, & de grande religion. Les Philosophes ont
conté dix cieux, y comprenant le dernier moteur
des autres. Les Theologiens dix ordres celestes, don
nant le sien particulier à l'essence diuine. La loy a
esté comprise sous dix commandemens. Et au dixieme iour apres l'Ascension le sainct Esprit descendit
sur les Apostres. Dond n'est sans grand mystere,
que tout nombre dixieme a, & contiét en soy quelque chose, & cas diuin. Veu que en la loy la dixieme
part des biens auec les premiers nais d'iceux, sont
ordonnez pour Dieu, à fin que le commencement
de tous biens, & le dixieme (comme la fin d'iceux)
fussent rendus à celuy qui est le principe, & la fin de
toutes choses. Or en celle dixieme maison de la reuolution du monde le soleil se trouuant, & regardé
par vn sextile aspect de Iupiter, l'ascendant aussi
estant le signe de Leo, ou Capricorne, demonstre,
asseure, & infalliblement signifie, la natiuité, & ad-
uenement en ce siecle d'vn grand Roy, & Monar-
que

que, dominateur par deſſus pluſieurs gens & nations, & qui par ſa vertu & puiſſance ſe fera craindre, & obeir à tout ſon peuple. Que s'il aduenoit
que la Lune fut en icelle dixieme maiſon, demonſtreroit que le Roy ſeroit tranſporté de ſon cer-
ueau, voulant ordinairement courir ça & la & ne
ſeiourner en aucun lieu. Comme auſſi s'il aduenoit
que Mercure fut en icelle dixieme maiſon, demonſtreroit qu'il ſeroit grand parleur, beau prometeur,
& attendant peu, & par ſes factions ruinateur de
ſon peuple. Mais s'il aduenoit que Saturne fut en
icelle maiſon, demonſtreroit qu'il ſeroit diſſimula-
teur, & fainct en toutes ſes actions, diſant vne &
penſant l'autre. Quant à Mars s'il ſe trouuoit en
icelle dixieme maiſon, monſtreroit que le Roy ſeroit vaillant, toutesfois accompagné de bien peu
de ſageſſe, & touſiours voulant faire guerre, hayſ-
ſant le repos & paix. Que ſi Venus ſe trouuoit en
icelle maiſon le Soleil y eſtant, monſtreroit qu'il
ſeroit mol, & effeminé, adonné à toute volupté de
paillardiſe, banquets, & melodie. Mais auſſi ſi Iup-
piter eſtoit en icelle dixieme maiſon, demonſtreroit la naiſſance d'vn Roy qui ſeroit benin, adonné
à prudhommie, iuſtice, & equité: & ne voudroit en-
durer qu'iniuſtice eut lieu en ſon Royaume. Et voila comme les aſtres nous preſagent les naiſſances
des Rois, Mais leur mort eſt par iceux aſtres pre-
monſtree aux humains, quand le Soleil eſtant en
la huictieme maiſon de la reuolution du monde,
eſt regardé par vn quadrat, ou oppoſition de Saturne, ou de Mars, car lors infalliblement eſt ſignifiee,

& premonstree la mort d'vn Roy. Que s'il aduient que le soleil soit au signe du Scorpion, designe qu'il mourra par poison. S'il est au signe d'Aries, demonstre qu'il sera violentement tué, & estant aux autres signes en l'aspect susdit, monstre qu'il mourra de maladie. Autres cognoissances aussi sont demonstrees par les vingthuict mansions de la lune, lesquelles posees en la huictieme sphere, prennent diuers noms, vertus, & puissances, de diuers astres, & estoiles contenues en icelles. Chacune d'icelles mansions contenant douze degrez, ciquantevne minute, & vingtsix secondes. Et pource la sixieme mansion par eux est appellee Alhama, ou Alchaya, qui signifie astre petit & de grande lumiere, de laquelle le commencement est apres le quatrieme degré dix & sept minutes, & neuf secondes de Gemini, menassant de grandes armees, batailles, assiegemens de villes, & vengeance du Prince sur le pauure peuple. Et la dixhuictieme mansion appellee Alchas (c'est à dire cœur de scorpion) monstre & designe sedition, partialité, coniuration d'vne partie du peuple contre son souuerain seigneur & Prince. Au Zodizque aussi sont posees trentesix images, selon le nombre des faces & aspects (comme raconte Teucer Babylonien). Or en la seconde face d'Aries monte la forme, & image d'vne femme vestue par le dessus d'vne robe rouge, & par dessous d'vne blanche, auançant & leuant vn des pieds en haut, laquelle promet & premonstre en son exaltation grande noblesse,

magna

magnanimité, & grande Principauté, voire Monarchie. Les Cometes aussi (ou estoilles crinites & cheuelues) ne sont sans porter grand, & ample tesmoignage, du triste euenement qui doit aduenir aux Rois. Car iceux discourans par l'air auec leur grande queuë flamboyante, s'ils s'arrestent en l'air regardant obliquement, & de trauers, d'aspect farouche sur quelque royaume, & comme par leurs estincelles issantes le menassant, signifient la mort du Roy, destruction de son sceptre, & ruine du pays. Comme iadis fut veu en la prinse d'Antioche en Syrie, par Godefroy de Bouillon chef de toute l'Europe, allant deliurer la terre saincte des mains de l'Empereur des Turcs, & du Souldan d'Egypte. Sur laquelle ville demeura longuement fiché vn tel Comete, sur le poinct que ledit Godefroy faisoit mettre en rang, & bataillons sa gendarmerie, & leur distribuoit les eschelles pour escheller Antioche, au grand estonnement de toute son armee, interpretant ce Comete leur apporter dommage, ou quelque perte insigne. Mais fut par le vaillant Godefroy sadite armee accouragee, disant ainsi : O gens ignares & non preuoyans la bonté diuine, laquelle se monstre auiourd'huy à nous, & nous aduertit du bien qu'elle nous veut enuoyer. Le Comete que voyez fiché, & arresté sur la ville auec vn regard oblique, & espouuantable, predit la ruine du Roy, & de toute la lignee Royale d'icelle ville, & la ruine de la cité. Ce que à la verité tout incontinent aduint, estant celle

nuict Antioche prinse par les Chrestiens, pillee &
saccagee par l'exercite victorieux, le Roy Casia-
nus honteusement occis, & exposé à la mocquerie
publique. Ensemble Brachmanus son fils puisné, &
Sensadolus son fils ainé enclos, & assiegé dans vne
tour, dond ne pouuoit eschaper, comme on pourra
voir au 9. liure de ma Lotareide.

13
Que Dieu dõ ne des Anges aux Rois pour les garder.

En quoy pouuons recognoistre vne grande faueur, cure, & sollicitude de Dieu enuers les Rois, &
Monarques : laquelle sera encor iugee & estimee
plus grande par les escrits des Mecubales ou Theologiens des Hebrieux, desquels les traditions, &
liures par longue succession de temps reuolu venus
iusques à nostre aage afferment, que Dieu donne
des Anges aux Rois pour leur assister, aider, & re-
ueler les decrets diuinement establis. Ce que ne sera trouué incroyable, ou estrange à qui remettra
en sa memoire, que le Seigneur à Thobie le ieune,

Thob.1.
4.6.11.

homme particulier donna l'Ange Raphael pour
medicin à la taye des yeux de Thobie son pere, &
pour mener & conduire à bonne fin le mariage de
Thobie, auec Sara fille de Raguel, & pour lier As-
modee esprit malin, qui desia luy auoit estouffé sept
maris, auant que nul d'eux eut couché auec elle, &
garder qu'il ne fit le semblable de Thobie : donnant aussi iceluy Raphael à Thobie pour compa-
gnon du chemin, depuis Niniue iusques en Mede.

4 Esdr.4

Pareillement qu'il est escrit en Esdras, qu'vn Ange
fut enuoyé vers luy, duquel le nom estoit Vriel (lequel Ange est de plusieurs estimé celuy qui assistoit
à Vrie Prophete occis par le Roy Ioachim) Orige-
ne sur

ne sur le liure des nombres approuue entierement
ceste opinion, disant qu'il est necessaire qu'il y aye
des Anges assistants aux Roys, & prouinces, pour
l'importance du regime d'icelles. Quand aux Anges gardiateurs des prouinces, Daniel en son 10.
chap. nous en met hors de doubte, là où il faict
mention des Anges (ou Princes comme il appelle)
preseruateurs de Perce, de Grece, & d'Israel, nom-
mant celuy d'Israel Michael. Et encor qu'il se taise
des noms des autres deux, si dit il que contre le decret de Dieu(par lequel il auoit arresté, que les Perses seroyent ruinés par les Grecz) l'Ange Prince
des Perses auoit contesté contre luy vingdeux
iours pour la defence de la Perse. Dou est que les
Mecubales des Hebrieux ont assigné Hamael pour
Ange preseruateur à toutes les regions subiectes à
Capricorne auec Saturne, côme à Macedone, Thra
ce, Illyrie, Indie Arriane , Gordiane, & à la pluspar
d'Asie la mineur. Aux regions subiectes à Aquarius
auec Saturne , Gambiel, comme à la region Sauro-
matique, Oxiane, Sogdiane, Arabie, Phazanie, Mede, Ethiopie. Aux regions de Sagittarius auec Saturne, comme à Thuscie, Gaule Celtique, Hespa-
gne, Arabie l'heureuse , Aduachiel. Aux regions
subiectes à Pisces auec Saturne, comme Lycie , Ly-
die , Cilicie, Pamphilie, Paphlagonie, Nasamonie,
& Garamantes, Barchiel. Aux regions soubs Aries
auec Mars, comme Bretagne, Angleterre , Gaule,
Allemagne, Bastarnie, Syrie Cœle ou la creuse,
Idumée, & Iudée, Marchidael. Aux regions du Scorpion auec Mars, comme Syrie Comagene, Cappa-

D

doce, Metagonitide, Mauritanie, & Getulie, Barciel. A celles du Lyon auec Sol, comme Italie, Sicile, Calabre, Phenicie, Chaldée, Orchenie, Verchiel. A celles de Taurus auec Venus, comme les Cyclades, l'orée maritime d'Asie la mineur, Cypre, les Parthes, Medes, & Perses, Asmodel. A celles de Libra auec Venus, comme la region Bactriane, Caspiane, Sericée, Thebaide, Oaside, & Troglodités, Zuriel. A celles de Gemini auec Mercure, comme Hyrcanie, Armenie, Mantiane, prouince Cyrenaique, Marmarique, & bas Egipte, Ambriel. A celles de Virgo auec Mercure, comme Grece, Achaie, Candie, Babylone, Mesopotamie, Assyrie, & Elamites, Hamaliel. A celles de Cancer auec la Lune, comme Bythinie, Phrigie, Colchis, Numidie, Aphrique, Carthage, & toute Chalcedone, Muriel. Et de ces douze esprits, & Anges Presidents aux dictes regions, est faicte mention par sainct Iehan en son Apocalipse chapistre premier. Et principalemēt au vingtvniesme, auquel descriuant la fabrique de la cité diuine, il dit qu'aux douze portes d'icelle estoient assis pour gardés douze Anges, Par ainsi les Mecubales des Hebrieux attribuant autant au seul Roy, comme à tant de milliers d'hommes, & à plusieurs pays & regions, disent qu'Adam a eu pour garde l'Ange Rasiel, prenant son influence de l'ordre des Cherubins, des Hebrieux nommé Ophanim. Et Zaphchiel commis à la garde de Noé, descendāt de l'ordre des Throsnes, des Hebrieux appellé Aralim, A Sem fils de Noé ont attribué l'Ange Iophiel. Et

à Abra

à Abraham Zadkiel, participant de l'ordre des dominations, des Hebrieux appellé Hasmalin. A Sampson ont iugé auoir assisté l'ange Camael, tenát de l'ordre des Puissances, des Hebrieux appellé Seraphin. Pareillement ont enseigné que l'ange Peliel a esté donné pour garde à Isaac, & à Iacob. Et Ceruiel au Roy Dauid, ayant son influance de l'ordre des Principautés, des Hebrieux appellé Elohim. Et Michael au roy Salomon, procedant de l'ordre des Archáges, des Hebrieux appellés Bneelohim. Et Gabriel garde à Iosué Prince des Israelites, tenant de l'ordre des Anges. Et l'Ange Metratton à Moise, grand chef & Cappitaine de l'armée Israelitique, ayát son influáce de l'ordre des Ames biéheureuses de ceux qui iadis ont eu quelque vertu & puissance plus qu'humaine, participáts abondamment de la diuinité, des anciens dits Heroës, des Hebrieux Issim, & par les sages & Philosophes gentils Demidieux, ou Dieux Semoues, rengés au plus bas ordre de toute la Hierarchie Celeste, selon la description de Denys Areopagite. Demonstrant par tel ordre que les princes & Heroes sont quelque chose de plus que les autres hommes, & font vne espece moyenne entre Dieu & les autres hommes. Et certainement leur office est semblable à celluy des Anges, mediateurs de Dieu & des hommes, executeurs & ministres de sa volunté, pourteurs de tout bien au genre humain, & des choses à iceluy vtiles & profitables.

A ceste cause la saincte ancienneté a donné aux Princes honneurs diuins, comme à Dieux, leur à

14

Que par les anciens honneurs diuins ont esté donnés aux Roys.

D 2

dreßé temples, autels, ordonné annuels sacrifices, les venerant non de la seulle dulie, mais aussi de la latrie, inuoquant leur ayde & faueur, leur sacrifiât pour les offenses commises, & à eux rapportants la fruition de leur vie & bien. Entre iceux ont esté des principaux Mercure, qui a regné en Egipte, Iupiter sur les Hammonites, Pallas en Athenes, Saturnus en Italie, Bacchus en Indie, Ceres en Egipte: desquels diuerses contrées (voire de celles ou onques ils ne regnerent) outres les autres leurs Dieux particuliers, se sont encor dabondant adioinct le seruice d'iceux. Et pource les Beotiens ont veneré Amphiaraus, les Africains Mopsus, les Egiptiens la Déesse Isis & Osiris, les Æthiopes qui habitent autour de Meroé Iupiter, & Bacchus, les Arabes Diaphares, les Noruesiens Tibelenus. Et mesmes en Italie par loy & ordonnance municipale des Crustumeniens, leur Dieu estoit leur roy Deluétinus. Des Narnesiens Viridianus, des Aesculains Ancharia, des Volges Nurtia, de ceux de Ottrente Valentia, des Sutriniens Nortia, des Phalisques Curis. Les Italiens & Calabrois ont eu Mars en grande veneration, les Maures leur roy Iuba, les Macedoniens outre Alexandre, Cabyrus, les Carthaginois Saturne, & Vranius, les Latins Faunus, les Romains Quirinus, les Sabins Sangus, les Atheniens Minerue, l'Isle de Samos Iuno, Paphos Venus, Lemnos Vulcan, Naxos Bacchus, Delphos Apollon, Candie Iupiter, & leur bon roy Minos, les Hypsiphileens Diane, ceux de Misene Pelops, & ceux du mont Menalus Faunus, Carthage Pyreus:

Homo

Homole, le mont Ida, Elis, & Lybie, Iupiter. Epire,
Gnidos en Lycie, Pifa de Macedone, Mars. Ceux de
Thermodoon, les Scythes, & Thraces Phœbus: les
Heliopolites, Affyriens, Rhodiens, Milefiens, &
Hyperborees Apollon. Thebes, Naxos, Nifa en
Arabie, Callichoros en Paphlagonie, le mont Par-
naffus, & Cytherus en Beoce, Bacchus: les Tha-
marites voifins d'Hyrcanie, les Affyriens, Pa-
phiens, Phœniciens, & ceux de Cytheron, & de
l'Isle Coa, & Amathus, & Memphis en Egipte,
& Gnidus en Cicilie, & la foreft Idalienne, &
le mont Erix, enfemble la ville, & Calydone, &
Cyrene, & Samos auoiét Venus. Les Gaulois auoiét
fur tous autres en grande reuerence Mercure, l'appellant Theutates: auffi les Arcades, Hermopo-
litains, Egiptiens, & Memphites. Diane eftoit
grandement honnorée des Taurifques en Scythie,
& des Ephefiens en Ionie, (vers lefquels elle auoit
vn temple de ftructure admirable) & mefmes
de toute l'Afie, comme eft efcript aux actes des   *Act. 19*
Apoftres. Et outre tous ceux la encor des Magne-
fiens, peuple de Theffalie, de Pifa cité de Achaie,
de Tybur, de Perga en Pamphilie, de Romme au
mont Auentin, de Agras region d'Attique. Et Ceres
de Eleufis Attique, Enna, & Catana villes de Sicile.
Vulcan de Lemnos, & Imbros, isle de Thrace, &
de l'Isle Theracia, & de Cilicie. Vefta des Tro-
iens, apportée defpuis par Aeneas en Italie, vene-
rée auffi des Phrigiens, de Reate ville de Vmbrie,
& au mont Berecinthus, & en Peffinunte ville
de Phrigie. Iuno à Carthage, & à Profenna, Ar-

gos, & Micene, & en l'Isle Samos. Et Neptune des
Phalisques, & en Orcheste ville de Beotie, en Tenarus de Laconie, & en Troezen. Mais à fin qu'aucun ne pense que ceux cy ayent esté recognus pour
Dieux, seullement du simple populaire, coutumier à
estre rempli d'erreur & vaine superstition, Romulus, Aug. Cæsar, Antonin le bon, & M. Aurele, &
Titus, frere & predecesseur de Domitian, & Traian
ont receu honneurs diuins par le decret de tout le
Senat solemnellement assemblé: voyre encor à fin
qu'on ne peut presumer, que ce fut par côtrainte,
ou flatterie, c'estoit apres leur deces & mort. Quât
aux Roys des Perses, & Medes qui ont eu honneurs diuins, ne faut prendre peine à les racompter: car la loy & ordonance de ces deux Royaumes pourtoit, que nul, ne fut inuoqué ou recogneu pour Dieu en iceux, sinon leurs roys propres. Et pour ceste loy Daniel (ne voulant inuocquer l'aide de Darius) fut ietté aux Lions, comme est recité en Daniel, confirmé en Iudith, ou
est recité que Holoferne lieutenant general du roy
Nabucodonosor (aux histoires prophanes appellé Cambises, & aux liures d'Esdras Assuerus) abatoit par tout ou il passoit les images de tous les autres Dieux, commandant que le seul Nabuchodonosor fut inuoqué, & adoré. D'ou pouuons facilement cognoistre qu'en tous lieux de la terre, les
roys anciennement ont esté receus pour Dieux. Et
sont ceux qui aux Sainctes lettres sont appellés les
Dieux de la terre.

Or ne faut il s'esmerueiller, ni trouuer estrange, si

ge, si les anciens ont tenu leurs roys pour Dieux: veu que les Sainctes lettres ont bien osé les appel-ler Cherubins. Le Prophete Ezechiel (parlant du roy de Tyr) Tu es (dit il) le Cherubin oingt ie t'ay mis en la saincte montaigne de Dieu. Et en mesme chap. Ie te ietteray hors la montagne de Dieu ô Cherubin couurant du milieu des pierres de feu. Or est il l'ordre des Cherubins le plus esleué, & plus approchant de Dieu en Hierarchie celeste, surpassant tous autres ordres en excellence, & splédeur, comme estants descripts & peincts, tous en flambe, & feu. Et defaict leur preeminence nous est euidemment monstrée par le commandement du Seigneur à Moise, recité en l'Exode. Ou apres auoir enioinct qu'on luy fist vn sanctuaire (ou ar-che) reuestue dedans & dehors de fin or, auec vne coronne au dessus, & vn ephod tout semé de pier-res precieuses, puis vn propiciatoire de pur or, ad-ioute, Et feras deux Cherubins d'or duict au mar-teau, & les mettras aux deux bouts du propicia-toire, estandants leurs aisles par dessus, & le cou-urants d'icelles.

roys par l'ecriture S. sont appellés Cheru-bins.

Ezech. 28

Exod. 25

Or toutesfois ie ne me veux arrester à l'hon-neur baillé aux rois, d'estre par vn prophete ap-pellés Cherubins, ains veux passer beaucoup plus outre, disant & monstrant par les sainctes lettres, que les roys de la bouche de Dieu ont esté nom-més & appellés Dieux, que sera la fin & Coro-nide de leurs noms & tiltres, ne les pouuant col-loquer en plus hault reng & degré, qu'en celluy de Dieu. Il est recité en l'Exode que le Seigneur parla

16 Que les roys par les S. let-tres sont appellés Dieux.

Exo 7 ainſi à Moyſe chef du peuple d'Iſrael, Regarde, ie t'ay conſtitué Dieu à Pharao, & Aaron ton frere ton Prophete. Auquel paſſage n'a eſtimé eſtre aſſes *Exo.4* l'appeller Dieu, ains encor luy attribue vn Prophete, treſample teſmoniage de diuinité. Et en aultre lieu le Seigneur à Moiſe enuoyé vers Pharao, & ſe plaignant qu'il n'auoit la langue bien desliée, pour bien & diſtinctement parler deuant le roy, dict, Aarõ te ſera pour bouche & tu luy ſeras Dieu. Voila donc Moiſe pour Dieu à Pharao, & à vn Pro-*Exo 22* phete. Il eſt auſſi eſcrit en l'Exode, Tu ne meſdiras des Dieux. Leſquels mots ont eſté communement interpretés & traduicts, tu ne detracteras point des Roys, & ne mesdiras du Dieu ou Prince du peuple. Que ſi quelcun vouloit faire doubte de telle traduction, la cognoiſtra vraie par vn autre commandement eſcript au meſme lieu. Si le larron n'eſt point trouué, celuy qui s'adiuge la choſe deſrobée ſera mené deuant les Dieux, pour iurer qu'en verité elle eſt ſienne. Toutesfois la traduction commune a mis qu'il ſera mené deuant les iuges. Mais c'eſt choſe notoire que les iuges d'Iſrael, tenoyent en tout & par tout puiſſance & dignité Royalle, & n'y auoit difference que du ſeul nom. Le Prophete Eſaie par-lant du roy Cyrus (lequel expreſſement il nomme) *Eſa.45* qui au commencement fut bon, & deliura Iſrael de captiuité apres auoir eſté appellé le oingt du Seigneur & apres auoir dict que le Seigneur a pris ſa dextre pour debiliter les reins des autres roys, ad-ioute, Vraiement tu es le Dieu qui te caches, & le *Pſal 45* Dieu ſauueur d'Iſrael. Et le pſalmiſte Dauid appel-

le gene

le generalement tous rois Dieux de la terre. Les
Princes de la terre (dit il) font aſſemblez auec le
Dieu d'Abraham, & les Dieux forts de la terre ſe
ſont grandement esleuez. Voila comme s'expli-
quant ſoymeſmes, ceux qu'il auoit premierement
appellé Rois, puis il les appelle Dieux de la terre.
Et en autre Pſeaume, Dieu aſſiſte en l'aſſemblee des   *Pſal.81.*
Dieux, & iuge au milieu des Dieux. Monſtrant que
Dieu aſſiſte en l'aſſemblee & conſeil des Rois, &
conduit leurs iugemens. Et au meſme Pſeaume il
interprete cela ſi clairement, qu'il en met vn chacun hors de doute, diſant, I'ay dit, vous eſtes Dieux,
& eſtes tous enfans du Souuerain. Puis adiouſte, Si
eſt ce que vous mourrez comme les hommes, &
cherrez comme l'vn des Princes. Neantmoins les
confeſſant Dieux, toutesfois differens du Seigneur,
& inferieurs à luy de la mortalité. Duquel paſſage
ſemble eſtre tiré le vers d'Ouide introduiſant le
Dieu Ianus parlant en ceſte façon : Ie regnois a-
lors que la terre portoit les Dieux, & les Deités
eſtoyent meslees auec les humain. Et l'ordonnance
du Diuin Legislateur Platon, commandant en ſes   *Lib.5.*
liures de la republique d'honnorer le Prince d'hon
neurs diuins. Laquelle inſtitutió fut receuë, & main
tenue longuement preſque de toutes gens & nations. Et pour ce regard à leur honneur ont eſté im-
poſez leurs noms à tout iamais perdurables aux
villes, prouinces, montagnes, fleuues, isles, & mers.
Et d'autre part Pyramides, Coloſſes, Arcs triom-
phaux, trophees, autels, feſtes, & ieux leur ont eſté
dediez à perpetuité. Ont auſſi impoſé leurs noms

D 5

aux cieux, estoilles, iours, & mois. De là est que le Mardi rapporte le nom de Mars, le Mecredi le nom de Mercure, le Ieudi de Iupiter, le Vendredi de Venus, & le Sabmedi de Saturne. Et le mois Ianuier est honnoré, & sera perpetuellement du nom de Ianus. Iuillet de Iule Cæsar. Aoust d'Auguste. Et ceste institution ne s'est contenue dans les bornes & limites de noz pays & regions, ains a passé iusques aux Goths, Danois, & Barbares, & nations les plus esloignees de nous. Car (selon Saxon en l'histoire des Danois) le iour que nous disons du nom de Mercure, ils l'appellent le iour de Othin, celuy de Iupiter Thor, du nom d'Othinus, & Thor, Rois iadis des Goths, & Danois. Et les Teutones ne sont ainsi appellez sinon pour cause que Mars leur principal Dieu est en leur langue appellé Teutanes.

17

Vertus Diuines en certains Rois.

Et ce qui a mis les Rois en telle veneration, a esté principalement les vertus & puissances diuines qui ont esté veuës en eux seuls, & non és autres hômes. Pyrrhus Roy des Epirotes par le seul attouchement du poulce de son pied guerissoit indifferément tous les splenetiques, & qui trauailloiét de difficulté de ratelle. Et nos tresillustres & treschrestiens Rois de France notoirement guerissent les strumatiques, & tachez des escrouelles. Les Rois Catholiques ceux qui tombent du haut mal. Le ciel, les astres, & cours, ou mouuement ordinaire des spheres celestes, leur ont obey (comme tesmoigne le Poete Mantouan d'Auguste Cesar) disant, qu'ayant pleu toute la nuict au lendemain iour de l'entree de Cesar le beau temps clair reuint, comme

estant

eſtant l'Empire du ciel diuiſé entre Iupiter & Cæ- Ioſue 10.
ſar. Les ſainctes lettres teſmoignent choſe encor
plus grande & plus eſmerueillable de Ioſue, Prince
& Capitaine des Iſraelites, lequel combatant heu-
reuſement contre les Gabaonites ſur le ſoir, commanda au ſoleil, & à la lune, diſant : Soleil arreſte-
toy en Gabaon, & toy lune en la vallee d'Aialon. Et
le ſoleil s'arreſta au ciel, & n'auança point de ſe
coucher par l'eſpace d'vn iour entier. Et s'arreſta
la lune iuſques à ce que ſon peuple fut vengé de ſes
ennemis. Le ſoleil ſelon la mer des hiſtoires arreſta
ſon cours ſous Charlemaigne, & allongea le iour
de quatre heures pour luy donner eſpace de venger la mort du vaillant Roland & Oliuier (procu-
ree pres Sarragoſſe par la trahiſon de Gannelon)
par Marcille roy des Sarrazins, lequel abandonné
de ſes gens fuyant fut prins pres Sarragoſſe. Moyſe Exo. 14.
grand chef & conducteur du peuple Hebrieu diui-
ſa la mer rouge, & la paſſa à pied ſec, auec tout ſon
camp & armee. Le ſemblable fit Ioſué ſur le fleuue Ioſu. 3.
du Iordain. Et Alexandre Roy de Macedone ouurit
la mer de Pamphylie, allant côbatre contre Darius,
& la paſſa à pied ſec. Hercules Roy de Lybie fut
pourueu de tant de puiſſance & vertu diuine, qu'il
reſſuſcita Alceſtitis, au grand eſtonnement de tous
les regardans. La puiſſance de diuiner eſt aux Rois
ſelon Salomon. Diuinatiõ (dit il) eſt en la bouche du Prou. 15.
Roy, & ſa bouche ne ſe deſtourne point de verité.
Et certainement nous liſons (& ainſi le faut croire
& confeſſer) que pluſieurs Rois ont en vn moment
receu ſauoir, & ſapience, beaucoup plus grande que

les autres hommes ne peuuent acquerir au labeur
assiduel de toute leur vie. Le Roy Dauid tressauant
n'apprint onques lettres. Salomon sans aucun estu-
de ou labeur fut rempli de sapience par dessus tous
ceux qui ont esté deuant ou apres luy. Numa Pom-
pilius Roy des Romains cogneut des hauts secrets
& mysteres diuins, non entendus d'aucun autre, par
vn colloque qu'il eut auec la Deesse Ægeria. Minos
roy de Crete, ou Candie, pour auoir parlementé
auec Iupiter au mont Ida. Et Melesagoras roy d'E-
leusine auec les Nymphes. Et non seulement leurs
esprits ont eu de la diuinité par dessus tout autre
esprit humain, mais aussi leurs corps ont esté faicts
participans de telle preeminence & superiorité;
estant souuent veuë en iceux vne splendeur diuine,
insuportable à voir aux autres hommes. Telle splendeur fut au visage de Moyse chef & conducteur du
peuple Hebrieu, lors que voulant rapporter aux
Israelites ce que le Seigneur luy auoit dit au mont
Sinai, leur esblouit tellement les yeux, qu'il fut con-
traint ietter vn voile sur sa teste. Alexandre roy de
Macedone combatant en Indie, & enuironné des
Barbares, grandement esmeu en son esprit ietta telle splendeur, que les yeux des Indiens ne la pou-
uans supporter, il se deuelopa du danger euident ou
il estoit. Et du corps de Theodoric roy d'Italie sor-
toyent des estincelles de feu, mesmes auec strideur
& bruit. Puis donc qu'il est ainsi que les souuerains
Princes de la terre sont establis par le Seigneur, &
que par luy ils sont nommez Dieux, leur commu-
nique & son nom, & grande partie de sa diuinité

&

& puiſſance : Certainement il nous conuient les re-
uerer , & honnorer d'honneurs ſurpaſſans honneurs humains , les preferer de beaucoup à tous autres hommes, plus eſtimer leurs ſens & iugemens,
(naturellement en iceux grands , augmentez par la
bonté diuine pour le profit public) nous les conci-
lier,& rendre totalement fauorables,leur obeiſſant
en tous leurs vouloirs & commandemens , pour
prouoquer vers nous leur main couſtumiere bien-
heurer ceux qui enuers leur ſacree maieſté par bons
& vertueux merites l'ont deſſerui, & recognoiſtre,
& adorer le grand & ſouuerain Dieu en eux , duquel ils ſont le vray type , pourtrait & image , tant
pour l'vnité du gouuernement de Dieu repre-
ſenté en eux,ᵩ pour leur naturel bening,
miſericordieux,& bienfacteur au
genre humain,comme
eſt celuy de
Dieu.

www.ingramcontent.com/pod-product-compliance
Lightning Source LLC
Chambersburg PA
CBHW061804050726
47598CB00002B/874